孩子如何用好AI

刘 典——著

图书在版编目（CIP）数据

孩子如何用好 AI / 刘典著 . -- 北京：北京联合出版公司 , 2025.5. -- ISBN 978-7-5596-8402-8

Ⅰ. G632.0-39

中国国家版本馆 CIP 数据核字第 2025YN8858 号

孩子如何用好 AI

作　　者：刘　典
出 品 人：赵红仕
责任编辑：杨　青
版式设计：张　敏
责任编审：赵　娜

北京联合出版公司出版
（北京市西城区德外大街 83 号楼 9 层 100088）
北京华景时代文化传媒有限公司发行
河北鹏润印刷有限公司印刷　新华书店经销
字数 178 千字　　690 毫米 ×980 毫米　1/16　17.5 印张
2025 年 5 月第 1 版　2025 年 5 月第 1 次印刷
ISBN 978-7-5596-8402-8
定价：59.00 元

版权所有，侵权必究
未经书面许可，不得以任何方式转载、复制、翻印本书部分或全部内容。
本书若有质量问题，请与本公司图书销售中心联系调换。电话：（010）83626929

前　言

AI 时代，孩子的学习新伙伴

在当下数字化浪潮的强力席卷下，人工智能（AI）正以锐不可当之势全面且深入地融入教育领域，为孩子的学习方式带来了翻天覆地的改变。AI 在教育界的蓬勃兴起，有着极为深厚且复杂的时代背景。

近年来，信息技术呈现出突飞猛进的发展态势，为 AI 在教育中的广泛应用筑牢了坚实根基。大数据技术能够收集和存储海量的教育数据，这些数据涵盖了学生的学习行为、学习进度、知识掌握程度等多方面信息。而云计算技术则为这些数据的高效处理提供了可能，它强大的运算能力使 AI 可以快速对海量数据进行分析。例如，通过对学生在在线学习平台上的答题时间、答题准确率、反复浏览的知识点等数据的分析，AI 能够精准地了解每个学生的学习状况。正是大数据与云计算技术的日臻成熟，使 AI 能够高效处理海量教育数据，为实现个性化学习提供了有力支撑。

与此同时，社会的快速发展对人才的综合素养要求不断提高。在当今全球化竞争的时代，创新能力、批判性思维、团队协作等能

力成为衡量人才的重要标准。 然而，传统的学习模式采用整齐划一的教学内容与进度安排，无法兼顾每个孩子独特的成长节奏与个性特点。对于学习能力较强的孩子来说，可能会觉得课程进度缓慢，无法满足他们对知识的渴望；而对于学习基础较为薄弱的孩子，又可能因跟不上进度而逐渐失去学习兴趣。教育领域急需一种智能高效的全新方式，助力孩子个性化学习，AI 就这样顺应时代需求登上了教育领域的舞台。

相较于传统学习模式，AI 展现出了诸多令人瞩目的革新亮点。**AI 能凭借对学生学习数据的深度剖析，精准洞察每个孩子的学习状况，进而为其定制独一无二的个性化学习路径。**

以智能学习平台为例，它会在学生每次答题后，迅速分析学生的答题情况。如果发现学生在某一章节的知识点上错误率较高，它会自动调整后续学习内容，推送更多与该知识点相关的讲解视频、练习题以及拓展资料，着重强化薄弱环节，大幅提升学习的针对性与效率。

不仅如此，AI 还能以丰富多元的形式呈现学习内容，为孩子的学习带来全新体验。

如虚拟实验室，学生无须在现实中配备复杂的实验设备，就能在虚拟环境中进行各种科学实验，如化学实验中的物质反应、物理实验中的电路搭建等，这种形式既避免了实验风险，又能让学生反复操作，加深对知识的理解。

智能辅导机器人能随时解答学生的疑问，它会根据学生输入的问题，运用自然语言处理技术分析问题的核心，然后从庞大的知识库中提取相关信息，以通俗易懂的方式为学生答疑解惑，突破了时间与空间的束缚，为学生营造出身临其境的沉浸式互动学习体验，极大程度地激发了学生的学习兴趣。

不过，必须清晰地认识到，AI 学习绝非意味着对 AI 的过度依赖。正确的 AI 学习理念，是将 AI 视作得力的辅助工具，借助它更好地挖掘孩子的内在潜能，培养更为高效、自主的学习习惯。倘若过度依赖 AI，孩子极有可能丧失主动思考与探索的能力。

例如，有些孩子在写作文时完全依赖 AI 写作助手，输入几个关键词后，就直接照搬 AI 生成的文章，没有自己的思考与创作过程，长此以往，写作能力必然难以提升。

而当孩子正确运用 AI 时，便能在其引导下，逐步掌握筛选、整合信息的技巧，不断提升批判性思维与解决实际问题的能力。

在风云变幻的未来社会，培养孩子的自主学习能力，是助力他们从容应对挑战的关键。具备强大自主学习能力的孩子，面对新知识、新环境时，能迅速适应，展现出令人惊叹的学习活力。当接触到新兴技术或跨学科知识时，他们不会被动等待教导，而是会主动查阅资料、积极探索，展现出强烈的求知欲和学习自主性。即便告别校园，他们对学习的热忱也不会消退，而是继续自我提升，不断追求卓越。

身处 AI 时代，我们应充分利用 AI 的强大功能，为孩子的学习赋能。借助 AI 学习应用，为孩子量身定制个性化学习计划；依靠 AI 智能辅导，精准定位知识漏洞，及时查漏补缺。通过这些方式，引导孩子踏上自主学习的征程，让他们真正成为学习的主人，熟练运用 AI 这一得力工具，在知识的海洋中乘风破浪，驶向成功的彼岸。

CONTENTS 目录

前言　AI 时代，孩子的学习新伙伴　/ 1

第一篇　AI 能帮孩子做什么？

第 1 章　AI 如何成为学习"超级助手"？　/ 002

1.1　AI 赋能学习的核心优势　/ 002

1.2　个性化学习路径　/ 016

AI 挑战任务：用 AI 规划学习计划　/ 023

第 2 章　AI 伴学，这些"坑"别踩！　/ 024

2.1　误区 1：用了 AI，孩子就不用动脑了　/ 024

2.2　误区 2：AI 的回答一定可靠　/ 025

2.3　误区 3：AI 会让孩子变得被动　/ 028

AI 挑战任务：利用 AI 解决数学难题并剖析解题思路　/ 032

第二篇　AI 如何提升学习效率？

第 3 章　日常学习　/ 034

3.1　学习计划：AI 帮你"量体裁衣"　/ 034

3.2　知识理解：疑难解答"不打烊"　/ 036

3.3　语言学习：贴身外教"随时练"　/ 038

3.4　刷题练习：精准提分"加速器" / 040

　　AI 挑战任务：借助 AI 提升学科薄弱项 / 043

第 4 章　作业与复习 / 044

4.1　帮助分析错题，提高解题思维 / 044

4.2　辅助阅读理解，提高答题逻辑性 / 048

　　AI 挑战任务：借助 AI 梳理文章脉络 / 056

第 5 章　考试备考 / 057

5.1　帮助孩子制订学习计划 / 057

5.2　利用 AI 模拟考试，提高应试能力 / 064

　　AI 挑战任务：借助 AI 模拟考试 / 070

第 6 章　跨学科学习 / 071

6.1　利用 AI 拓展知识，打破学科边界 / 071

6.2　利用 AI 帮助孩子综合分析问题，培养跨学科思维 / 079

　　AI 挑战任务：AI 助力跨学科主题探究 / 088

第三篇　如何用 AI 提升各学科成绩？

第 7 章　AI 在语文学习中的应用 / 090

7.1　阅读理解篇——AI 助力文本分析 / 090

7.2 写作提升篇——从"词穷"到"文思泉涌" / 094

AI 挑战任务：用 AI 修改习作 / 096

第 8 章　AI 在数学学习中的应用　/ 097

8.1 解题技巧篇——AI 纠错改正，提高学习效率 / 097

8.2 知识巩固篇——从"同一习题"到"个性安排" / 099

AI 挑战任务：用 AI 辅助错题整理 / 101

第 9 章　AI 在英语学习中的应用　/ 102

9.1 听说训练篇——人机交互灵活沟通 / 102

9.2 阅读与写作篇——引导分析促提高 / 105

AI 挑战任务：用 AI 推动口语提升 / 109

第 10 章　AI 在历史、地理、生物学习中的应用　/ 110

10.1 历史篇——轻松实现横向对比和纵向梳理 / 110

10.2 地理篇——用数字技术重塑空间感知 / 113

10.3 生物篇——从微观世界到生命逻辑 / 117

AI 挑战任务：用 AI 生成历史事件时间轴 / 121

第四篇　AI 如何培养孩子的高阶思维？

第 11 章　AI 如何激发创造性思维？　/ 124

11.1 创造性学习的核心——想象力的拓展 / 124

11.2 创意的学习　/ 129

　　AI 挑战任务：和 AI 合作写一个小故事　/ 134

第 12 章　AI 如何提升批判性思维？　/ 135

　　AI 挑战任务：辨析 AI 解读的新闻　/ 139

第 13 章　AI 如何提升解决问题的能力？　/ 141

　　AI 挑战任务：让 AI 小助手和你一起做研究　/ 144

第五篇　家长和教师如何正确引导孩子用 AI？

第 14 章　家长如何引导孩子用好 AI？　/ 148

　　14.1　家庭 AI 使用守则　/ 148

　　14.2　家长陪伴指南　/ 160

　　AI 挑战任务：和孩子一起制定"AI 学习规则"　/ 172

第 15 章　教师如何在课堂中用好 AI？　/ 173

　　15.1　AI 驱动教学系统　/ 173

　　15.2　AI 课堂教学实践　/ 188

　　15.3　AI 教师培训指南　/ 195

　　AI 挑战任务：让 AI 成为教学的"智慧助手"　/ 206

第六篇　未来展望：AI 将如何影响孩子的成长？

第 16 章　AI 教育的发展趋势　/ 210

16.1　未来课堂与学习的想象　/ 210

16.2　个性化学习模式　/ 219

AI 挑战任务：小小老师设计教学　/ 226

第 17 章　AI 时代，孩子需要哪些核心能力？　/ 227

17.1　数据素养：开启 AI 思维大门的钥匙　/ 227

17.2　技术应用能力：驾驭 AI 工具的必备技能　/ 229

17.3　跨学科思维：解决复杂问题的有力武器　/ 231

AI 挑战任务：数据侦探大冒险：用数据破解校园小秘密　/ 234

结语　拥抱 AI，开启未来学习之旅！　/ 237

附录　AI 学习工具推荐与使用指南　/ 243

后记　迈向人机协同的未来教育　/ 261

第一篇

AI 能帮孩子做什么？

第1章

AI 如何成为学习"超级助手"？

1.1 AI 赋能学习的核心优势

1.1.1 让学习更智能，根据个人学习进度调整策略

在科技日新月异的当下，AI 已逐渐渗透到我们生活的各个领域，其中就包括教育领域。AI 正以其独特优势为学习带来前所未有的变革，让学习变得更加智能。

在传统教育环境中，教师面对数十名学生往往采用"一刀切"的教学方式，难以顾及个体差异。这种模式如同工厂批量生产，无论学生的学习能力、兴趣爱好和知识储备如何，都被置于统一的教学标准之下。

这种方式就好比让不同身高的人穿同样尺码的鞋子，结果可想而知，有的人穿着不合脚，学习的积极性和效果自然大打折扣。

而 AI 的出现，彻底改变了这一局面，它能够根据每个学生的独特情况，量身定制个性化的学习方案，真正做到因材施教。

数据收集：全方位记录学习轨迹

AI 实现个性化学习的第一步，便是对学习者的学习轨迹进行全方位的数据收集。在数字化学习环境中，AI 能够即时记录学习者的

一举一动。

以在线学习平台为例，它不仅会标注出学生答题的对错情况，还能精确到每道题的答题时间。回答正确固然可以体现出学生对知识点的掌握情况，但 3 秒钟与 1 分钟的答题时间代表着截然不同的意义，前者表示学生已经熟练地掌握了知识点，而后者则反映出学生对该知识点的掌握仍存在漏洞，需要继续学习。

同样，也是通过这些数据，老师和家长能及时了解学生的学习状态并据此提供帮助。

除了答题情况与时间，学习时长也是重要的数据维度，它能反映出学生投入学习的时间和精力；互动参与度也同样关键，包括学生在课堂讨论中的发言次数、参与小组活动的积极性等。这些数据都从不同角度展示了学生的学习热情和参与度。

通过收集这些多维度的数据，AI 能够全面地了解学生的学习过程，为后续的个性化分析提供丰富而准确的依据。

数据分析：深度挖掘学习状态

仅仅收集数据还远远不够，如何从这些海量数据中挖掘出有价值的信息，才是 AI 的核心本领。运用先进的算法，AI 能够对收集到的数据进行深度分析。

以数学学科为例，假如一个学生在代数部分的答题正确率较低，且答题时间较长，而在几何部分的表现则相对较好。AI 通过分析这些数据，不仅能精准判断出该学生在代数学习上处于较为薄弱的阶段，还能进一步分析出可能存在的问题，比如对某些代数公式的理解不够深入,或者在解题思路上存在偏差。

这种精准的分析能力,能够帮助学生迅速定位自己存在的学习问题,也为后续个性化学习策略的制定提供了有力依据。

与传统的学习评估方式相比,AI 的数据分析更加全面、深入和准确,它能发现那些被传统方式忽略的细节,为学生的学习提供更具针对性的指导。

学习路径个性化规划

在精准洞察学生学习进度和知识掌握情况后,AI 便能化身为一位贴心的学习规划师,为不同学生定制独特的学习路径。

对于基础较为薄弱的学生,AI 会着重规划基础知识的巩固路径。以学习英语为例,如果通过数据分析发现学生在词汇和语法方面存在较大欠缺,AI 可能会推荐从基础词汇课程开始学习,每天设定一定的词汇背诵量,并搭配简单的语法练习题,逐步提升学生的基础知识水平。

在学习过程中,AI 还会根据学生的掌握情况,适时调整学习进度,比如当学生对某个语法点理解困难时,会增加相关的辅导资料和练习题目,帮助学生加深理解。

而对于学有余力的学生,AI 则会规划更具挑战性的拓展路径。比如,在数学学习中,AI 可能会推荐一些竞赛类的数学课程,引导学生探索更深层次的数学知识,参与数学建模等实践活动,培养学生的创新思维和解决实际问题的能力。通过这种个性化的学习路径规划,不同层次的学生都能在自己的学习过程中不断进步,充分发挥自己的潜力。

学习内容动态调整

AI 不仅能规划个性化的学习路径，还能实时动态地调整学习内容，就像一位灵活应变的厨师，根据食客的口味和食量，随时调整菜品的味道和分量。

当学生在学习过程中表现出对某一知识点能够快速掌握时，AI 会迅速判断并增加学习内容的难度，为学生提供更具挑战性的学习材料。

例如，在物理学习中，如果学生对牛顿运动定律的基础知识掌握得非常扎实，答题准确率高且速度快，AI 可能会推荐一些涉及牛顿运动定律在复杂场景下应用的拓展内容，如天体运动中的应用，让学生进一步拓展思维，提升能力。相反，当学生在某个知识点上遇到困难，表现出理解困难或答题错误率较高时，AI 会降低学习内容的难度，并提供更基础性的讲解与针对性练习。

例如，在化学学习中，学生对化学方程式的配平理解困难，AI 可能会先提供一些简单的化学方程式配平练习，并详细解释配平的原理和方法，通过逐步引导，帮助学生克服理解困难。

这种根据学生学习状态实时调整学习内容的方式，能让学生始终处于适度的学习挑战中，既不会因为学习内容过于简单而感到无聊，也不会因为难度过高而产生挫败感，从而保持高效的学习状态。

随时随地，智能答疑解惑

在学习过程中，遇到难题是常有的事。传统的答疑方式，如向老师请教，往往受到时间和空间的限制。老师不可能时刻守在学生身边，学生也不能随时随地找到老师解答问题。而向同学求助，也可能因为同学自身知识水平的局限，无法给出准确的答案。

这时，AI智能答疑工具的优势就得到了体现，它就像一位精力充沛的"学霸"，能够随时为学生提供帮助。利用自然语言处理技术，AI能够理解学生提出的各种问题，并通过对大量知识的学习和分析，迅速给出准确的解答。

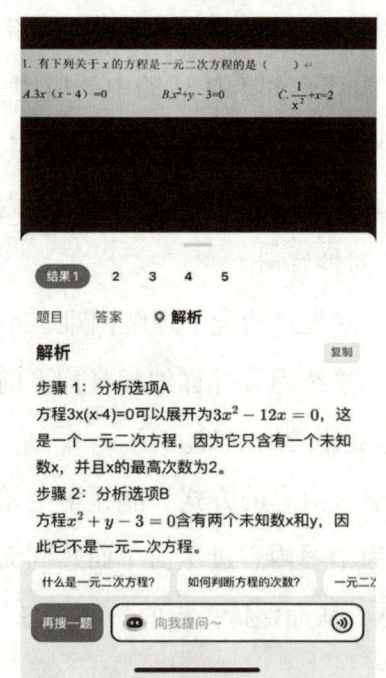

图1-1 作业帮搜索答疑的使用1

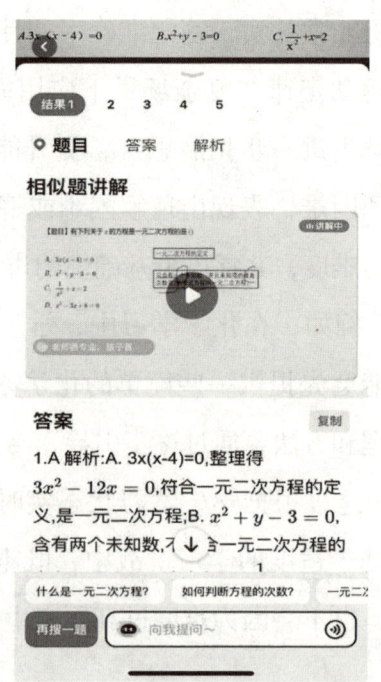

图1-2 作业帮搜索答疑的使用2

以作业帮、小猿搜题等智能学习 App 为例，学生只需将题目拍照上传，或者直接输入问题，App 就能在短时间内给出详细的解题思路和答案。

不仅如此，一些先进的 AI 答疑工具还能对问题进行举一反三，提供类似题目的练习，帮助学生加深对知识点的理解和掌握。这种即时性和便捷性，让学生能够在第一时间解决学习中遇到的问题，避免问题积累，大大提高了学习效率。

学习资源智能推荐

面对互联网上多样且繁杂的学习资源，学生往往会感到无从下手，不知道哪些资源适合自己。而 AI 可以根据学生的兴趣和需求，为其推荐最合适的学习资源。通过对学生学习数据的分析，AI 可以了解学生的兴趣爱好、知识薄弱点和学习目标。

例如，针对一个对历史学科中的古代史部分表现出浓厚兴趣的学生，AI 可能会推荐相关的历史书籍，如《国史大纲》《中华上下五千年》等；可能推荐一些优质的历史纪录片，如《河西走廊》《楚国八百年》等，以丰富学生的学习体验；可能推荐线上的历史课程，让学生能够更系统地学习古代史知识。

当然，学生也能直接向 AI 表达需求，比如在 DeepSeek、Kimi、ChatGPT 等 AI 智能助手软件上列出问题，表明自己需要哪方面的学习资源，再根据自己的兴趣对列出的学习资源进行选择。

以上方式都是 AI 通过推荐个性化的资源，给学生提供机会去接触到更符合自己需求的学习资料，从而提升学习兴趣，提高学习效果，就像在知识的海洋中找到了指引方向的灯塔。

> 你能给我推荐一些适合初中生的关于历史的学习资源吗

当然！以下是专为初中生精选的**历史学习资源推荐**，涵盖书籍、视频、音频和互动平台，兼顾权威性和趣味性：

一、书籍类

中国历史

1. 《上下五千年》（林汉达、曹余章）
   - 经典通史读物，从神话时代到辛亥革命，用故事串联历史，语言通俗易懂。
   - 注：建议选择"林汉达+曹余章"合著版本（上古至西汉由林汉达编写，东汉至清末由曹余章续写）。
2. 《写给儿童的中国历史》（陈卫平）
   - 全彩插图+14册分册，侧重文化、科技和日常生活史，适合培养历史兴趣。
3. 《明朝那些事儿》（当年明月）
   - 幽默风趣的明朝史，适合对历史已有基础兴趣的学生（可先试读章节）。

图 1–3　DeepSeek 推荐的学习资源

1.1.2　减少重复性练习，提高知识掌握度

在传统学习模式中，学生常常被要求重复练习同一内容，然而这种方式往往容易导致学习疲惫和厌倦。随着 AI 在教育领域的深入应用，这一状况得到改善。AI 使学习方式变得更加多样化和灵活，并通过知识图谱技术识别冗余的练习，实现"精准减负"。

精准分析学情，定位知识短板

无论是人为减少重复性练习还是利用 AI，首要步骤都是准确了解学习情况。

借助先进的算法和数据分析技术，AI 能对学生在学习过程中产生的大量数据进行收集与分析，比如课堂测试成绩、课后作业完成情况、在线学习时长以及学生观看课程视频时的拖移、快进等情况。基于对以上数据的分析与挖掘，AI 能够精准判断学生对每一个知识点的掌握程度。

例如，利用机器学习算法，对学生的答题数据进行模式识别，若学生在某一类知识点的题目上频繁出错，AI 系统就能敏锐捕捉到这一信息，明确学生在该知识点上存在理解或应用的不足。

此外，AI 还能分析学生答题所用的时间，从侧面反映出学生对知识点的熟悉程度。如果学生在解答某道题时花费了过长时间，即便最终答案正确，也意味着该学生对相关知识点的运用不够熟练，AI 同样能够识别出这类潜在问题。

抓住薄弱环节，锁定背后原因

发现问题的目的是解决问题，而解决问题的一个重要步骤就是清楚问题产生的原因。

相比于传统教学方式下的老师讲解和自我纠察，AI 能够凭借强大的分析能力，迅速并深入剖析学生薄弱环节背后所隐藏的原因。

例如，在英语学习中，AI 通过分析学生的作文数据，发现学生在语法结构的运用上存在大量错误，频繁出现主谓不一致、时态混乱的问题。深入分析后发现，原因可能是学生对英语句子的基本结构缺乏清晰认知，在学习各类时态时没有真正理解其内涵和使用场景。

与此同时，AI 还能从学生的学习习惯和学习环境等多维度因素进行分析，通过观察学生在不同时间段的学习表现，判断是否存在因疲劳或注意力不集中而导致学习效果不佳的情况，或者分析学生的学习设备和网络环境，排查是否存在因硬件或网络问题影响学习质量的因素。

这种全面而深入的分析，能够为后续制订针对性的学习计划提供有力依据。

生成专属计划，动态调整路径

在发现原因的基础上，AI 能够为每个学生量身定制个性化的学习计划。该学习计划充分考虑了学生的个体差异，具有高度的针对性和可行性。

例如，当 AI 分析出学生在几何方面出现问题是因为对公式、辅助线的画法、几何概念等掌握不到位时，在后续生成学习计划与题目的时候就会着重搜集有关真题，并在学生完成几何的基础知识学习后，自动生成合适的应用题，从而让学生能够针对该方面进行练习，而不用再进行大量重复性的数学全题型练习。

众所周知，学习是一个动态的过程。AI 能够实时跟踪学生学习进展，并据此调整学习路径。

当学生在某个知识点上取得良好进展，能够快速掌握知识要点时，AI 系统便会及时提升学习内容难度，引入更具挑战性的拓展知识或综合应用题型，避免学生在低水平题目上重复练习。反之，若学生在某一知识板块中长时间停滞不前，AI 会重新评估学习策略，可能会降低学习难度，从基础概念入手，提供更多辅助学习资料，如动画演示、趣味讲解视频等，帮助学生正确理解核心概念。

例如，在物理学科中，学生对电路原理理解困难，AI 可能会先推送简单电路搭建的动画演示，让学生直观感受电流走向，再逐步引导学生进行复杂电路分析练习，根据学生实际掌握情况动态调整学习路径，确保学习过程始终贴合学生知识掌握节奏，减少无效重复。

此外，AI 还能够借助先进的知识可视化技术，将抽象晦涩的知识以直观易懂的形式呈现出来，并清晰展示知识之间的内在逻辑关联，帮助学生构建起完整且系统的知识体系，从而有效减少因孤立理解知识而产生的重复练习需求。

尤其是对于像历史等时间琐碎、事件众多的学科来说，该功能能够让学生清晰地掌握历史发展的脉络，从而按照时间顺序而非单元板块来记忆，这不仅解决了历史内容中重叠板块学习的情况，也极大地减少了背诵量，提高了学习的质量与效率。

AI 优化练习方式案例

许多学习平台利用 AI 实现智能组卷。例如，好未来旗下的学而思智能学习系统，它能依据学生日常学习数据，包括作业完成情况、测试成绩以及课堂表现等，深度分析学生知识掌握状况。

若系统发现学生在数学"函数单调性"知识点存在薄弱环节，便会从海量题库中筛选出针对性题目，这些题目涵盖不同难度层次与考查角度，如函数单调性证明、结合函数图像判断单调性等。如此，学生无须在已熟悉的知识点上重复刷题，而是集中精力攻克薄弱点，练习更具精准性。

EduSmart 学习平台借助 AI 为学生规划个性化学习路径。以英语学习为例，系统先对学生进行全面能力测评，包括词汇量、语法理解、听力水平和阅读理解能力等。若学生词汇量达标，但在语法运用上存在问题，平台不会推送大量基础词汇练习，而是聚焦语法专项训练。如针对定语从句、状语从句等易错语法点，提供详细讲解与专项练习题，引导学生循序渐进学习，减少在已掌握知识上的学习时间，将精力投入关键提升点。

作业帮的 AI 学习工具在错题处理上表现出色。当学生完成作业或测试后，系统自动识别错题，分析错误原因，如概念混淆、计算失误或解题思路偏差等。针对错题，系统不仅推送同类型题目巩固练习，还进行举一反三的拓展。

例如，学生在物理"浮力计算"相关题目上出错，系统会先推送相似浮力计算题，强化解题技巧；随后给出涉及不同情境（如物体在不同液体中、物体形状改变等）的浮力问题，帮助学生深入理解知识点在不同场景的应用，避免简单重复练习，提升知识迁移能力。

总的来说，AI 减少重复性练习后，学生有更多时间深入思考知识本质。以往大量重复性练习使学生机械做题，缺乏对知识原理的探究。如今，借助 AI 进行针对性练习，学生可专注剖析题目背后知识点间的联系。并且，AI 提供的个性化学习资源会激发学生自主探索的兴趣,及时的反馈与精准的指导也让学生能迅速了解自身的不足,进行针对性改进,深化对知识的理解,提升学习效果。

1.1.3 让学习更有趣,提高孩子的学习动力

学习动机不足是基础教育面临的普遍挑战,如今,AI 技术通过游戏化设计、情感交互和个性化反馈,正在重塑学习体验。

学习方式的有趣变革

在 AI 技术的赋能下,教育领域涌现出了丰富多彩、形式多样的动画视频。

由中央广播电视总台打造的《千秋诗颂》,依托总台"央视听媒体大模型",运用 AI 技术将国家统编语文教材中的诗词转化制作成唯美的国风动画,还采用了可控图像生成、人物动态生成、文生视频等技术。在英文版制作中,运用 AI 语言模型对中文脚本进行翻译润色,配音过程使用文生声、声线克隆、AI 视频处理等技术。该动画将语文教材中的古诗词转化为充满诗意的视听盛宴,带来沉浸式的诗境体验,帮助广大青少年进一步加深对中国经典诗词的理解和喜爱,有效传承中华优秀传统文化。

除了视频,众多基于 AI 的创新教育游戏在近些年也如雨后春笋般纷纷涌现,比如多邻国 App。在该 App 上,用户可以根据自己的需求与兴趣,选择不同的语言课程,包括英语、法语、德语等。选择完毕后,软件会自动生成不同的关卡,每个关卡都设计了有趣的语言任务,如单词与图片匹配、对话、填空等,用户需要一级级闯

关，只有通过了当前的关卡，才能解锁下一关。

为了鼓励用户坚持学习，一方面，当用户每天完成一个单元的学习后，就会获得连胜记录；另一方面，多邻国 App 设计了一系列卡通人物作为"鼓励师"。尤其是绿色猫头鹰"多儿"，作为软件的封面角色，"多儿"会每天变换不同的表情与动作，并且会使用各种表情包和语言催促用户学习。这种互动方式在给用户带来新鲜感的同时，也会让他们期待第二天的学习。

学习内容的有趣性

当学生发现学习不再是枯燥的知识灌输，而是一个探索和发现的过程时，特别是当 AI 能够帮助学生快速找到与其兴趣和学习需求相匹配的学习资源，让他们接触到更多样化的知识时，他们会更愿意主动投入，更积极参与到学习中。

凭借其强大的数据处理与分析能力，AI 就如拥有一双透视眼一般，能够精准洞察每个孩子独特的兴趣点。

对于那些对太空充满无限遐想与好奇的孩子，AI 会贴心地推送一系列与之相关的丰富的学习内容，其中不仅有深入浅出的科普文章，带领孩子了解宇宙深处的奥秘；还有精彩绝伦的纪录片视频，让孩子仿佛身临其境般感受宇宙探索的震撼瞬间；更有充满趣味的模拟太空探索互动项目，孩子可以在其中亲身体验驾驶宇宙飞船、登陆外星等奇妙场景。

而对于钟情于艺术的孩子，AI 则会为其精心准备艺术史的精彩篇章、实用的绘画技巧讲解以及对著名画家经典作品的深度赏析等内容。

例如，当 AI 通过数据分析发现孩子对凡·高的画作情有独钟时，便会迅速推送关于凡·高充满传奇色彩的生平故事，详细介绍他的创作风格从早期到后期的演变历程，深入解读其代表作品背后蕴含的创作灵感与深刻内涵，让孩子全方位领略艺术的魅力。

AI 还有一项独特的本领，那就是能够为孩子打开一扇扇通往新奇未知领域的大门。

比如，对于那些已经对科学有一定兴趣基础的孩子，AI 会巧妙地向他们介绍新兴的量子计算领域。在讲解过程中，AI 会运用简单易懂且充满趣味的方式阐释"量子比特""量子算法"等抽象概念。

通过制作生动形象的动画，直观地演示量子比特与传统比特的本质区别，深入浅出地讲解量子计算在未来可能为人类社会带来的巨大变革，如在超高速计算、密码学等领域的突破性应用。

这些新奇有趣的内容，极大地激发了孩子对未知领域的强烈好奇心和探索欲望，如同为孩子的知识视野插上了一双翅膀，让他们在学习的旅程中不断发现新的惊喜，使学习始终充满新鲜感与无限可能。

智能调节学习难度，不断获得成就感

正如前文所说，AI 就如拥有透视眼一般，能够密切关注学生在学习过程中的每一个细微表现。它会根据学生的表现动态调整学习内容的难度，确保学生始终处于合适的挑战水平，这样既能防止学习内容过于简单造成的无聊，也能避免过于困难导致的挫败感。

多邻国 App 的自适应学习系统就会根据用户的答题情况，智能调整后续题目的难度，当它分析出用户对基础词汇掌握较好时便会逐渐增加难度，提供更高级的词汇练习；反之，如果检测到用户在某词语上出现较多错误，系统就会自动降低难度，增加该词语的相关练习次数，直到用户掌握为止。

这样，用户既能不断挑战自己，又能在自己的能力范围内取得进步，从而获得成就感。

1.2 个性化学习路径

1.2.1 帮助孩子定制个性化学习方案

AI 生成个性化学习方案的核心在于数据驱动和自适应学习，其流程主要包括以下几个步骤：

首先，收集与分析数据。AI 系统通过在线学习平台、智能测评、课堂互动等方式收集学生的学习数据，包括：知识掌握程度（如正确率、答题时间）、学习行为（如专注度、学习时长）、认知风格（如视觉型、听觉型学习者）。

其次，进行学习能力评估。利用机器学习算法（如决策树、神经网络）分析学生的强项和弱项，生成能力画像。

更重要的是，深入剖析孩子对各个知识点的理解深度，是仅停留在表面概念记忆，还是能深入理解内涵，以及应用能力，能否灵活运用知识解决实际问题。

将收集到的海量繁杂的数据输入配备先进机器学习算法的 AI 系

统后，算法会如同经验丰富的侦探，对数据进行层层挖掘，梳理出孩子独特的学习模式，精准洞察潜在需求，为后续定制个性化学习方案筑牢根基。

再次，做出个性化内容推荐。基于评估结果，AI从教育资源库中匹配适合的学习材料。例如，视频讲解（适合视觉型学习者）、互动练习（适合动手型学习者）、自适应题库（动态调整题目难度）。

最后，动态调整学习路径。AI持续监测学习进度，实时调整学习计划。例如，若学生在某一知识点进步显著，则推送更高阶的内容；若发现知识漏洞，则自动补充基础练习。

以Kimi为例，当用户向Kimi提出生成专属学习方案的需求时，它会将所需的关键信息列举出来，包括学习目标、学习时间、学习基础、学习偏好以及学习科目。

随后，在基于用户提供的信息的基础上，Kimi会制订详细的计划，内容涉及时间、每个阶段的学习目标、学习内容、学习时间安排、每周的总结与反馈以及资源推荐。如果之后提出其他需求，比如希望学习计划的时间长一点，它也会根据需求对计划进行调整。

当用户提出学习过程中出现困难时，Kimi会在提供建议、方法的同时，在原有的学习计划中增加针对薄弱环节的强化内容。

在以上所有环节中，Kimi不仅提供了详细的计划，还提供了积极的情绪价值，这也是AI在制订个性化学习方案时的一个重要特点。

> 请帮我生成一个专属于我的学习方案

🤖 很乐意帮你制定一个专属的学习方案！不过，为了更贴合你的需求，我需要了解一些关键信息：

1. **学习目标**：你希望通过学习达成什么目标？是提升某门学科的成绩、掌握一项新技能，还是为某个考试做准备？
2. **学习时间**：你每天大概能安排多长时间用于学习？
3. **学习基础**：你目前在相关领域的基础如何？比如是初学者、有一定基础，还是已经比较熟练？
4. **学习偏好**：你是更喜欢通过阅读、听讲、动手实践，还是其他方式来学习？
5. **学习科目**：你需要学习哪些具体的内容或科目？

如果你能提供这些信息，我将为你生成一个更精准、更实用的学习方案！

图 1-4　Kimi 生成学习方案

> 我想有一个长时间的学习计划，多于四周

🤖 好的！既然你想制定一个更长期的学习计划，我们可以将学习周期延长到3个月（12周）。这个计划将帮助你从初学者逐步过渡到能够进行日常交流和简单写作的水平。以下是详细的长期学习计划：

第一阶段：基础入门（第1-4周）

目标

- 掌握德语的字母发音和基本语法规则
- 能够进行简单的自我介绍和日常对话
- 学会100-150个基础词汇

学习内容

1. **字母与发音**
   - 学习德语字母表和发音规则

图 1-5　Kimi 生成学习计划

相较于传统教学模式，AI 驱动的个性化学习方案具有以下优势：

表 1-1　AI 优势列举说明

优势	说明
因材施教	精准适配个体差异
提高学习效率	聚焦薄弱环节，减少无效练习，节省时间
增强学习兴趣	通过游戏化、互动式学习提升学生的参与度，实现从"要我学"这种被动接受知识的状态，到"我要学"主动追求知识的转变
实时反馈	学生可立即获知错误原因，避免重复犯错
长期学习规划	AI 可预测未来学习趋势，提供科学的长期学习路径

1.2.2　帮助孩子查漏补缺，精准提升学习成绩

错题分析：高频错误知识点的精准定位

AI 在错题分析方面所展现出的能力有目共睹。它宛如一位不知疲倦的知识侦探，能够以极快的速度对海量题目进行细致梳理。在这个过程中，它运用先进的数据分析算法，能够精准无误地统计出高频错误知识点。

就拿数学这门学科来说，在"三角函数"这一知识板块中，有关"三角函数的变换"的题目常常是学生们容易栽跟头的地方。当众多学生在涉及此类知识点的题目上频繁出错时，AI 就如同拥有敏锐嗅觉的猎犬，能够迅速捕捉到这一关键信息，并将其精准标记为高频易错点。随后，它会把这些信息整合归纳，为后续的教学和学习策略调整提供极具价值的参考依据。

答题模式识别与错误类型分析：洞察学习问题的本质

识别答题模式并深入分析错误类型，是 AI 在教育领域展现出的又一强大专长。

以语文作文批改场景为例，AI 不仅能像普通的文字校对工具那样敏锐地发现语法错误、用词不当这类较为基础的问题，它更像是一位经验丰富的文学评论家，能够透过文字的表面，深入洞察文章中逻辑混乱、主题偏离等深层次的写作思路偏差。

在理科学习中，当面对一道物理力学计算题时，AI 能够运用其复杂且精密的算法，精准判断出错误的根源所在。究竟是学生在计算过程中因粗心大意导致数据代入失误，还是对"牛顿运动定律"等核心概念的理解模糊不清而产生的错误，AI 都能给出准确的判断，从而帮助学生和教师直击问题的本质。

群体数据对比：发现普遍难点与个体差异

在对比群体数据方面，AI 拥有无可比拟的强大优势。它通过先进的数据采集技术，广泛收集海量同龄学生的学习数据，进而构建起一个庞大且全面的学习数据库。

以英语阅读理解练习数据为例，AI 能够将某个学生的答题情况与整个同龄学生群体的数据进行细致比对。在分析过程中，如果发现某篇文章中关于"文章主旨理解"的题目，大量学生都给出了错误答案，AI 便会依据其预设的算法模型，判定这一知识点属于普遍难点。

与此同时，AI 还具备高度的敏锐性，对于个别学生在特定题型上的异常表现，它也能及时察觉。这一特性对于教师和家长而言，具有极高的价值，能够助力他们关注到每个学生独特的学习问题，从而实现因材施教。

AI 辅助学习带来的成绩提升，并非只是理论上的美好设想，而是有大量真实数据和案例作为支撑的。

2024 年 6—7 月，一支由世界银行教育专家、数据科学家、研究分析师等组成的权威团队，在尼日利亚开展了一项极具开创性的实验。他们以 7 所试点学校的 800 名高中一年级学生为对象，进行了为期 6 周的 AI 英语辅导项目。

在这 6 周里，学生们每周前往计算机实验室参加两次课后 AI 英语辅导课程。课程开始时，教师会先介绍本周主题，随后学生与由 GPT-4 驱动的 Microsoft Copilot 展开互动，完成英语语法学习和写作任务。在整个过程中，教师不仅会指导学生如何使用 AI，还会给出 Prompt 建议，课程结束后还会带领学生进行反思练习。

图 1-6　AI 驱动的英语辅导课程

实验结果令人惊叹，参与项目的学生在英语、AI知识以及数字技能这3个关键领域的表现，都显著优于未参加项目的同龄人。在年终课程考试中，这些学生同样表现出色，尽管考试内容远超6周干预项目所涉及的范围。

从数据上看，学生们的学习进步幅度达到了约0.3个标准差，这意味着在短短6周内，他们完成了相当于正常学习近两年的进度，成效超过了发展中国家教育干预措施随机对照试验数据库中80%的其他教育干预措施。

展望未来，AI辅助学习的发展前景一片光明，充满无限可能。随着技术的不断进步，AI将与虚拟现实（VR）、增强现实（AR）等前沿技术深度融合，为学生创造出更加沉浸式的学习环境。

AI 挑战任务

用 AI 规划学习计划

同学们，接下来请大家利用 AI 规划一份属于自己的学习计划，然后对比自己原本的学习计划与 AI 生成的计划，从学习目标设定、任务安排、时间规划等角度分析 AI 生成的计划是否合理。思考 AI 给出的优化建议对你是否有帮助，并结合自身实际情况，保留或调整其中对你有用的部分。

小贴士： 在进行这项实践任务时，同学们可以先梳理自己目前的学习状况，包括各学科的学习水平、学习中遇到的困难、可用于学习的时间等信息。接着，选择一款合适的 AI 工具，如 Kimi、文心一言等，将这些信息输入其中，让 AI 为你生成学习计划。在对比分析时，观察学习目标设定上，AI 是否根据你的情况制定了更具针对性、更合理的目标；任务安排方面，查看 AI 有没有针对你的薄弱学科或知识点，设计出更有效的学习任务；时间规划上，看 AI 是否将学习时间分配得更加科学、合理，确保你能高效利用时间。通过这样的对比，大家能更好地了解如何制订科学的学习计划，提升自己的学习效率。

第 2 章

AI 伴学，这些"坑"别踩！

2.1 误区 1：用了 AI，孩子就不用动脑了

该误区的产生有两大原因，首先是对 AI 功能的过度夸大和误解，部分人认为 AI 可以直接给出问题的完美答案，孩子只需接受即可，无须自己思考。

例如，一些简单的问答式 AI，当孩子提问后，它会迅速给出答案，这让人们误以为孩子不需要再进行任何思考就能获取知识。

其次是对孩子使用 AI 方式的担忧，担心孩子过度依赖 AI，遇到问题就直接寻求 AI 的帮助，而不是先尝试自己思考。

事实上，在许多 AI 使用过程中，孩子仍需要思考。在学习数学时，孩子可以使用 AI 来辅助解决复杂的几何问题。

例如，AI 可以帮助绘制几何图形，展示图形的变换过程，但孩子需要思考图形的性质、定理的应用以及如何通过这些知识来解决问题。

AI 提供了直观的图形展示和一些解题思路，但孩子必须思考每一步的依据和逻辑关系，才能真正理解和掌握解题方法。

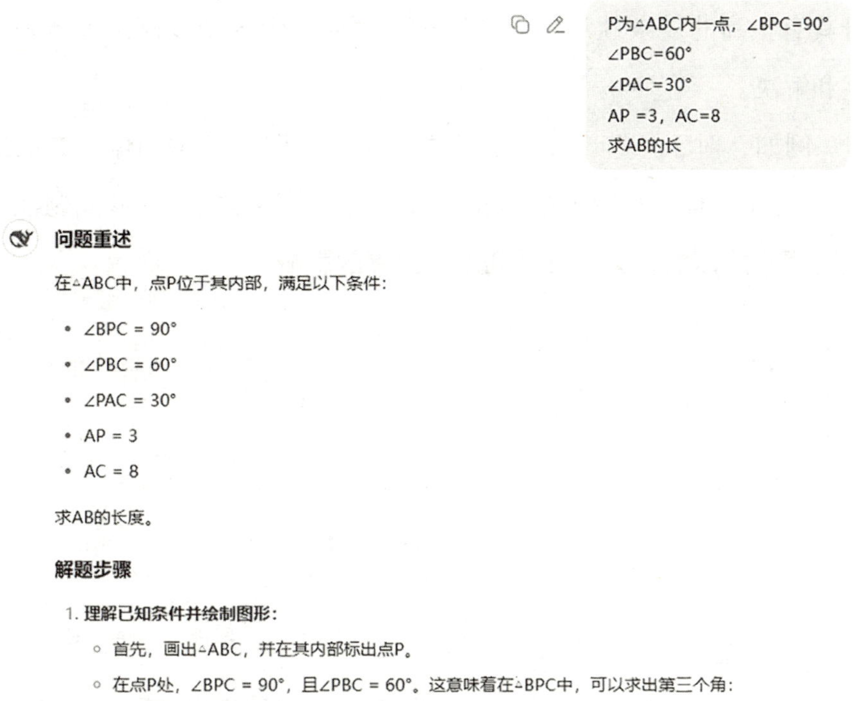

> P为△ABC内一点，∠BPC=90°
> ∠PBC=60°
> ∠PAC=30°
> AP=3，AC=8
> 求AB的长

问题重述

在△ABC中，点P位于其内部，满足以下条件：

- ∠BPC = 90°
- ∠PBC = 60°
- ∠PAC = 30°
- AP = 3
- AC = 8

求AB的长度。

解题步骤

1. 理解已知条件并绘制图形：
   ○ 首先，画出△ABC，并在其内部标出点P。
   ○ 在点P处，∠BPC = 90°，且∠PBC = 60°。这意味着在△BPC中，可以求出第三个角

图 2-1　DeepSeek 解答数学问题

2.2　误区 2：AI 的回答一定可靠

　　AI 的回答可能存在偏差，这是由于数据偏差、算法局限性以及任务复杂性和模糊性导致的。AI 是基于大量的数据进行训练的，如果训练数据存在偏差、不完整或不准确，那么 AI 生成的回答就可能受到影响。AI 的算法虽然强大，但也存在一定的局限性。

　　例如，一些机器学习算法可能会给出局部最优解，无法找到全局最优的解决方案。深度学习算法对于复杂的、具有高度抽象性的问题，可能难以准确理解和处理，导致回答出现偏差。某些问题本

身具有很高的复杂性和模糊性，难以用简单的规则或模型来准确描述和解决。

例如，对于一些涉及人类情感、道德判断、艺术创作等方面的问题，AI很难给出完全准确和令人满意的回答，因为这些问题往往没有明确的标准答案，且受到多种因素的影响。

> 你觉得在大火中是先救猫还是先救画

在大火中先救猫还是先救画是一个很具有争议性的问题，不同的人会基于不同的价值观和考量做出不同的选择，以下是从不同角度的分析：

- **选择先救猫**：从生命价值的角度来看，猫是一个活生生的生命，生命具有独特的价值和意义，是无价的。每一个生命都有其生存的权利和价值，不能用物质的标准去衡量。而且猫作为一个有感知、有情感的生物，它会面临恐惧和痛苦，拯救它是出于对生命的尊重和同情。在道德层面上，许多人认为保护生命是一种基本的道德责任，相比之下，画虽然可能具有艺术价值、历史价值或经济价值，但这些价值都是人类赋予的，不能超越生命本身的价值。
- **选择先救画**：有些画可能具有极高的艺术价值、历史价值和文化价值。例如一些著名画家的作品，它们不仅是艺术的瑰宝，更是人类文明的重要组成部分，对于研究艺术史、文化史等方面具有不可替代的作用。从这个角度看，拯救这些画作是为了保护人类文化遗产，使其不被灾难所毁灭。画作可能还具有特殊的纪念意义，比如对某些个人或群体来说，一幅画可能承载着重要的回忆、情感或历史事件，它的价值不仅仅在于物质层面，更在于其背后的情感和精神内涵。

先救猫还是先救画没有绝对正确的答案，而是取决于个人的价值观和道德判断。无论选择救哪一个，都应该在确保自身安全的前提下进行，因为人的生命安全始终是最重要的。

图 2-2　豆包回答问题

那么，如何辨别信息真伪呢？

第一种方法，多源验证。不要仅依赖 AI 提供的单一信息来源，而要通过多个可靠的渠道进行验证。例如，查阅权威的学术文献、专业书籍、政府机构发布的报告等。如果 AI 给出的信息与多个权威来源一致，那么其可靠性就相对较高；反之，如果存在矛盾，就需要进一步调查和分析。

第二种方法，分析信息的来源和发布者的资质。对于 AI 引用的数据源或参考资料，要检查其是否来自可靠的机构或专家。

一般来说，来自知名学术期刊、专业研究机构、行业专家的信息可信度更高。同时，注意 AI 模型的开发者和训练者的背景和信誉，以及模型是否经过了严格的评估和验证。

第三种方法，逻辑和常识判断，运用自己的逻辑思维和常识来分析 AI 提供的信息，包括检查信息是否存在逻辑漏洞、前后矛盾或与已知的常识相违背的地方。

例如，如果 AI 给出的某个科学结论与基本的科学原理不符，或者某个历史事件的描述与普遍接受的历史事实相悖，就需要对其进行质疑和进一步核实。

第四种方法，查看细节和证据支持。可靠的信息通常会有详细的细节和充分的证据支持。如果 AI 的回答只是泛泛而谈，没有具体的事例、数据或引用来源，那么其可信度就较低。我们可以要求 AI 提供相关的证据或参考资料，并对这些证据进行评估，看其是否真实、充分和具有代表性。

第五种方法，考虑上下文和适用性。将 AI 提供的信息放在具体的上下文和实际应用场景中进行考虑，看其是否适用和合理。不同的场景和条件可能会对信息的真实性和有效性产生影响。

例如，某种在特定实验条件下得出的结论，可能在实际生活中的其他条件下并不适用。

多源验证
通过多个渠道交叉验证

来源与发布者的资质分析
评估来源的可靠性

逻辑和常识判断
使用逻辑和常识分析

查看细节和证据支持
寻找详细细节和证据支持

上下文考虑
评估信息的适用性

图 2-3　验证 AI 信息的过程

2.3　误区 3：AI 会让孩子变得被动

AI 的使用并不一定会让孩子变得被动，两者之间的关系较为复杂，受多种因素影响。

如果孩子过度依赖 AI，比如在学习中遇到任何问题都直接向 AI 寻求答案，而不是先尝试自己思考和探索，就可能逐渐养成被动接受知识的习惯。长此以往，孩子可能会缺乏主动思考的动力和能力，遇到问题时不再积极主动地去寻找解决方案，而是等待 AI 给出答案。

而当 AI 作为一种学习工具被合理使用时，它则可以激发孩子的主动性。

例如，AI 教育平台可以根据孩子的学习情况提供个性化的学习内容和挑战，这会鼓励孩子主动去探索新知识，以满足自己的学习需求。

又如，在一些基于 AI 的编程学习平台中，孩子可以通过与 AI 互动来尝试不同的编程思路和方法，在这个过程中，他们为了实现自己的创意和目标，会主动思考和尝试各种可能性，从而培养主动学习和解决问题的能力。

那么，如何避免被动学习呢？

首先，培养孩子自主思考的习惯。鼓励孩子在使用 AI 之前先自己思考问题，尝试提出解决方案。

例如，在做数学题时，让孩子先独立思考解题思路，然后再利用 AI 来检查答案或获取进一步的提示。这样可以让孩子在主动思考的基础上，合理利用 AI 的优势，而不是直接跳过思考环节。

其次，帮助孩子设定明确的学习目标，让他们知道使用 AI 是为了辅助自己更好地学习和成长，而不是为了替代自己思考和努力。

例如，在学习外语时，孩子可以设定通过 AI 学习平台提高口语表达能力的目标，然后主动利用平台中的对话练习、发音评测等功能来实现这一目标，而不是随意地使用，没有明确的方向和主动性。

再次，引导孩子利用 AI 进行探索性学习和实践活动。

例如，让孩子通过 AI 图像识别工具探索自然生物的分类，然后自己去观察和收集实际的生物样本进行对比验证。

在这个过程中，孩子会主动地将 AI 知识与实际操作相结合，不仅能加深对知识的理解，还能培养主动探索和实践的能力。

图 2-4　AI 图像识别工具

最后，鼓励孩子在使用AI的过程中与他人进行互动和合作。例如，组织孩子以小组形式使用AI进行项目学习，如利用AI数据分析工具研究当地的环境变化，小组内成员共同讨论如何收集数据、分析结果以及得出结论。

通过这种方式，孩子不仅能从AI中获取信息，还能在与同伴的交流合作中激发主动思考和表达的欲望，提高学习的主动性。

AI 挑战任务

利用 AI 解决数学难题并剖析解题思路

同学们，现在开启一项有趣又具挑战的 AI 思维任务！请大家选择一道自己觉得有难度的数学题，借助 AI 工具寻找解题方法，之后深度剖析 AI 给出的解题过程，从解题步骤的逻辑、运用的知识点以及能否举一反三这几个关键角度，判断 AI 的解答是否合理且具有启发性。思考 AI 的解题思路对自己有哪些帮助，同时也要保留自己原本思考中好的部分，与 AI 的思路相互融合！

小贴士： 在执行这项任务时，大家可以先挑选如几何证明、函数求解等不同类型的数学难题。遇到几何图形问题时，AI 可能会帮助绘制图形并展示一些辅助线添加思路；函数问题上，AI 也许会给出函数性质分析和计算步骤。在分析 AI 解题过程时，检查每一步的逻辑推导是否严谨，所用知识点是否准确恰当。比如在证明"三角形全等"的题目中，查看 AI 是否正确运用了全等判定定理。还要思考能否依据 AI 的解题思路，解决同类型的其他题目，实现知识的迁移。通过这样的实践，能让大家更好地掌握数学知识，提升解题能力，同时学会合理借助 AI 工具辅助学习。

第二篇

AI 如何提升学习效率?

第 3 章

日常学习

3.1 学习计划：AI 帮你"量体裁衣"

制订科学合理的学习计划是高效学习的基础，但对于很多学生来说，这并非易事。AI 的出现则完美解决了这一难题，它就像一位贴心的私人学习管家，能依据课程大纲、考试要求、个人目标以及强弱科目等多方面因素，为学生定制专属的学习计划。

以准备高考的学生为例，AI 会综合考虑各个学科的分值占比、考试重点以及学生目前的学习成绩，为其分配合理的学习时间。

如果学生的数学成绩较差，而数学成绩在高考中又占据着较大的分值比重，AI 便会着重为其制订详细的数学提升计划，具体到每天需要学习哪些数学知识点，做多少道练习题，以及每隔多久进行一次复习总结等。

同时，AI 还会将数学学习与其他科目巧妙地穿插安排，保证学生的学习进度全面且均衡，避免出现偏科现象。

> 我现在是一名准备高考的学生,你能帮我生成一个学习计划吗

当然可以!以下是一份针对高考的 **科学高效学习计划**,结合了时间管理、学科侧重和复习策略,帮助你系统备考。根据你的实际情况(科目强弱、剩余时间等)可灵活调整。

一、总体规划(以3个月为例)

阶段划分:

1. **基础巩固阶段**(1个月):全面梳理知识点,夯实基础。
2. **专题突破阶段**(1个月):重点攻克薄弱环节和高频考点。
3. **冲刺模拟阶段**(1个月):限时训练、真题模拟、查漏补缺。

二、每日时间表(参考)

时间段	内容安排	备注
6:30-7:00	起床+晨读(语文/英语)	背诵古诗文、单词、作文素材
7:00-7:30	早餐+碎片时间(听力/时事新闻)	英语听力或文科热点
8:00-10:00	主科(数学/语文)	精力最集中时段

图 3-1　DeepSeek 生成学习计划

> 目前数学是我的弱项,只有100分,你能帮我调整一下计划吗

如果你的数学目前是弱项(满分150分,得分100分左右),说明你的基础尚可但中档题和压轴题丢分较多。以下是针对数学强化的 **专项调整计划**,结合基础巩固和题型突破,帮你快速提分到120+甚至更高!

一、数学问题诊断(100分阶段常见问题)

1. **基础题失误**:选填前10题、大题前3题因粗心或概念模糊丢分。
2. **中档题卡壳**:比如数列、立体几何、概率统计等题型思路不清晰。
3. **压轴题放弃**:导数、圆锥曲线第二问直接跳过,缺乏解题框架。

二、数学专项学习计划(每日2.5小时)

1. 基础巩固(每天30分钟)

图 3-2　DeepSeek 调整学习计划

在学习过程中，学生的学习进度和掌握情况会不断发生变化，AI 也会根据这些实时数据做出相应调整。

例如，学生在学习英语语法时，原本计划一周内掌握某个复杂的语法点，但在实际学习过程中发现理解和运用该语法存在困难，花费了更多时间。

AI 监测到这一情况后，会自动延长该语法点的学习时间，增加相关练习题或推荐更多学习资料，如语法讲解视频、专项练习题集等，帮助学生更好地掌握。

3.2　知识理解：疑难解答"不打烊"

在学习过程中，遇到疑难问题是再正常不过的事情，但传统的学习方式往往无法及时有效地解决这些问题。有了 AI，学生们就像拥有了一位随时在线的专属辅导老师，能够随时为他们答疑解惑，帮助他们深入理解知识。

AI 拥有强大的自然语言处理能力，能够理解学生各种形式的提问，并给出准确、详细的解答。无论是数学公式的推导过程、英语语法的细微差别，还是历史事件的背景和影响，AI 都能提供全面且深入的讲解。

例如，当学生在学习物理中"楞次定律"这一抽象概念时，可能会对定律中"阻碍"的含义理解不透彻，AI 不仅会用简洁易懂的语言解释"阻碍"是如何体现在电磁感应现象中的，还会通过动画演示、实例分析等多种方式，帮助学生直观地感受这一定律的应用，让学生对知识的理解更加深刻。

> 我不是很能理解"楞次定律"中"阻碍"的含义，你能给我解释一下吗

楞次定律是电磁感应中的一个重要定律，其核心概念"阻碍"可以从以下几个方面来理解：

阻碍磁通量的变化

- 当穿过闭合回路的磁通量发生变化时，回路中会产生感应电流，而感应电流的磁场总是要阻碍引起感应电流的磁通量的变化。例如，当磁体靠近线圈时，穿过线圈的磁通量增加，根据楞次定律，线圈中产生的感应电流的磁场方向与磁体的磁场方向相反，以阻碍磁通量的增加；当磁体远离线圈时，穿过线圈的磁通量减少，感应电流的磁场方向与磁体的磁场方向相同，阻碍磁通量的减少。

阻碍相对运动

- 从相对运动的角度来看，"阻碍"表现为感应电流的磁场会对引起电磁感应的磁体或导体的相对运动产生阻碍作用。例如，把一块磁铁插入闭合线圈中，线圈会产生感应电流，这个感应电流的磁场会对磁铁产生一个阻力，阻碍磁铁的插入；反之，当把磁铁从线圈中拔出时，感应电流的磁场会产生一个拉力，阻碍磁铁的拔出。这就好像线圈"不愿意"让磁通量发生变化，通过产生阻碍相对运动的力来试图维持原来的磁通量状态。

图 3-3　豆包解释概念

而且，AI 还能根据学生的提问，挖掘出其知识体系中的薄弱环节，进行有针对性的补充和强化。

比如，学生在询问关于一元二次方程求解的问题时，AI 可以判断出学生对方程的基本概念、判别式的运用等基础知识是否掌握牢固。如果发现学生存在理解误区，AI 会先帮助学生回顾相关基础知识，再逐步引导学生解决当前的问题。这种个性化的知识讲解和辅导，能够满足每个学生独特的学习需求，让学习过程更加高效、顺畅。

3.3 语言学习：贴身外教"随时练"

语言学习一直是许多人的挑战，而 AI 的介入为语言学习者带来了全新的学习体验，它堪称一位"贴身外教"，随时随地帮助学习者提升语言能力。

AI 能够模拟各种真实的对话场景，让学习者仿佛置身于目标语言国家，进行沉浸式的语言交流。无论是日常购物、餐厅点餐，还是商务谈判、旅游问路，AI 都能提供相应的对话场景和角色，与学习者展开互动。

例如，学习者想要练习英语对话，AI 可以扮演商店店员，学习者则扮演顾客，双方围绕商品询问、价格讨论等内容展开对话。在这个过程中，AI 会根据学习者的回答灵活地给出回应，引导对话自然进行，让学习者在实践中提高口语表达能力和应对各种场景的能力。

在发音和语调方面，AI 更是一个严格又专业的"语音教练"。它通过先进的语音识别技术，能够精准地捕捉学习者发音中的细微偏差，及时指出并给予纠正建议。

例如，学习者在发英语中"th"这个音时容易出错，AI 就会通过对比标准发音和学习者的发音，详细地告诉学习者舌头的位置、牙齿的开合程度以及气流的走向等，帮助学习者准确掌握发音技巧。同时，AI 还能识别并纠正语调问题，让学习者的口语更加自然流畅，富有感染力。

当遇到语言翻译的需求时，AI 翻译工具的强大功能就得以体现。它不仅能够快速准确地完成文本翻译，还能理解上下文语境，给出

第 3 章　日常学习　039

> 我想练习一下德语，你能扮演一个超市老板，用德语和我对话吗

哦，当然可以！那我们现在就开始吧。嗨，欢迎光临我的超市，您需要买点什么呀？

Ich: Guten Tag! Willkommen in unserem Supermarkt, wie kann ich Ihnen helfen?

（你好！欢迎光临我们的超市，我能帮您什么吗？）

复制　分享

> Ich möchte einige Eier kaufen

Gut, wir haben frische Eier in verschiedenen Mengen. Möchten Sie ein Dutzend oder mehr?

图 3-4　Kimi 帮助练习语言

> 你能帮我把这首诗翻译成英文吗：卫风·氓
> 氓之蚩蚩，抱布贸丝。匪来贸丝，来即我谋。送子涉淇，至于顿丘。匪我愆期，子无良媒。将子无怒，秋以为期。
> 乘彼垝垣，以望复关。不见复关，泣涕涟涟。既见复关，载笑载言。尔卜尔筮，体无咎言。以尔车来，以我贿迁。
> 桑之未落，其叶沃若。于嗟鸠兮，无食桑葚！于嗟女兮，无与士耽！士之耽兮，犹可说也。女之耽兮，不可说也。
> 桑之落矣，其黄而陨。自我徂尔，三岁食贫。淇水汤汤，渐车帷裳。女也不爽，士贰其行。士也罔极，二三其德。
> 三岁为妇，靡室劳矣；夙兴夜寐，靡有朝矣。言既遂矣，至于暴矣。兄弟不知，咥其笑矣。静言思之，躬自悼矣。
> 及尔偕老，老使我怨。淇则有岸，隰则有泮。总角之宴，言笑晏晏。信誓旦旦，不思其反。反是不思，亦已焉哉！

Ode of Wei · The Rustic Man

The rustic man, with a guileless air,
Came with cloth to barter for silk.
In truth, not to barter for silk,
But to come and discuss our marriage affair.
I escorted you across the Qi River,

图 3-5　豆包翻译诗歌

更符合语境的翻译结果。

例如，在翻译文学作品时，AI 可以考虑到作品的时代背景、文化内涵以及作者的写作风格，使翻译后的文本在保留原文韵味的同时，更易于目标语言读者理解。

而且，AI 还能传授一些实用的翻译技巧，比如词性转换、语序调整、增词减词等，帮助学习者更好地掌握翻译方法，提升翻译能力。

3.4　刷题练习：精准提分"加速器"

刷题是学习过程中不可或缺的环节，它能帮助学生巩固知识、提高解题能力。而 AI 在刷题领域的应用，为学生带来了更高效、更智能的学习体验，堪称精准提分"加速器"。

以编程学习为例，许多学生在刷题时会遇到思路不清、代码错误等问题。AI 刷题平台能够根据题目类型和学生的答题情况，迅速提供详细的解题思路。

例如，当学生遇到一道关于动态规划的编程题时，AI 会先引导学生分析问题，将复杂问题分解为多个子问题，然后逐步讲解如何定义状态、描述状态转移方程，最后给出完整的代码实现和详细注释。通过这种方式，学生不仅能学会如何解决当前的问题，还能掌握动态规划的解题思路和方法，提升编程思维能力。

AI 还能帮助学生优化代码，提高代码的效率和质量。当学生提交自己编写的代码后，AI 会对代码进行全面分析，指出其中存在的逻辑错误、语法错误以及潜在的性能问题，并给出有针对性的优化建议。

例如，在处理大规模数据时，学生可能使用了时间复杂度较高的算法，导致程序运行缓慢。AI 会识别出这个问题，并推荐更高效的算法，如将暴力枚举算法优化为动态规划算法，从而大大提高程序的运行速度。

同时，AI 还会检查代码的规范性和可读性，建议学生使用合适的变量命名、代码结构和注释，使代码更加清晰易懂，方便后续的维护和扩展。

```python
import turtle as t
import random

# 设置画笔速度
t.speed(0)

# 定义颜色列表
colors = ['red', 'yellow', 'blue', 'green', 'purple', 'gold', 'brown']

# 绘制10个随机位置的五角星
for j in range(10):
    # 随机选择颜色
    color = random.choice(colors)

    # 随机选择位置
    x = random.randint(-200, 220)
    y = random.randint(-200, 220)

    # 抬起画笔，移动到随机位置
    t.penup()
    t.goto(x, y)
    t.pendown()

    # 设置颜色并绘制五角星
    t.color(color)
```

图 3-6　优化代码

在刷题过程中，AI 还能根据学生的答题情况，提供个性化的学习建议和拓展知识。如果学生在某类题目上频繁出错，AI 会判断学生在这方面的知识存在薄弱环节，进而为学生推荐相关的知识点讲解、练习题以及拓展阅读材料，帮助学生加深对该知识点的理解和掌握。

比如，学生在做数学函数相关的题目时经常出错，AI 会为学生推送函数的基本概念、性质、图像等基础知识的讲解，还会提供一些针对性的练习题，帮助学生巩固所学。

此外，AI 还会推荐一些与函数相关的拓展知识，如函数在物理、工程等领域的应用，拓宽学生的知识面，让学生了解数学知识的实际应用价值。

可以看见，AI 在优化日常学习中展现出了巨大的潜力，从制订个性化学习计划，到解答疑难问题、辅助语言学习，再到提供精准的刷题练习，AI 全方位地为学习者提供了支持和帮助。它打破了传统学习的时间和空间限制，让学习变得更加灵活、高效和有趣。

AI 挑战任务

借助 AI 提升学科薄弱项

同学们,接下来迎接一项能切实提升学习效果的 AI 挑战任务!请大家找出自己目前学习中相对薄弱的学科或知识点,借助 AI 工具来制订提升计划,并在实施过程中评估 AI 的辅助效果。从计划的合理性、学习资源的有效性以及对自身学习能力的提升等方面,思考 AI 的帮助是否达到预期,并总结经验以便更好地利用 AI 辅助学习。

小贴士: 在开展这项任务时,先确定自己的薄弱学科及知识点,比如数学的函数部分、英语的写作板块等。然后,选择合适的 AI 学习工具,向其详细描述自己的情况,让 AI 为你生成提升计划。在查看 AI 生成的计划时,分析计划中学习任务的安排是否合理,例如是否按照从易到难的顺序逐步提升难度。检查 AI 推荐的学习资源,像视频讲解是否清晰易懂、练习题是否具有针对性等。在实施计划的过程中,记录自己的学习感受和进步情况。如果发现 AI 推荐的方法效果不佳,思考是哪里出了问题,是知识点讲解不够深入,还是练习难度不匹配等。通过这样的实践,学会精准借助 AI 的力量弥补学习短板,提高学习成绩。

第 4 章

作业与复习

4.1 帮助分析错题，提高解题思维

对于学生而言，提升解题思维与答题逻辑性是学习过程中的关键目标，AI 在分析错题和辅助阅读理解方面展现出了强大的优势。

错题集是学习过程中的宝贵资源，然而传统的错题分析往往耗费大量时间且不够精准。AI 凭借其强大的数据处理能力和智能算法，为错题分析带来了全新的视角与高效的方法。

定位知识点
精确识别知识差距和错误

提供解题思路
提供多样化的解决问题的方法

建立知识关联
创建知识点之间的联系

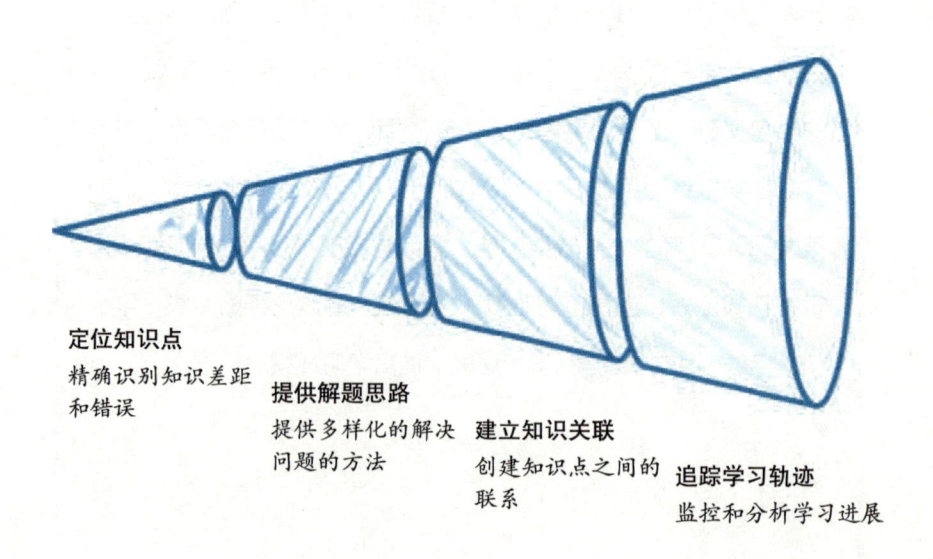

追踪学习轨迹
监控和分析学习进展

图 4-1　AI 帮助分析错题，提高解题思维

精准知识点定位，直击错误根源

当学生将错题录入 AI 学习系统后，其强大的算法能够迅速在庞大的知识图谱中进行搜索匹配，精准确定题目所涉及的核心知识点。

例如，在数学中，一道关于立体几何线面垂直证明的错题，AI 能精准指出此题考查的是线面垂直判定定理的应用，以及对相关线线、线面关系的理解。

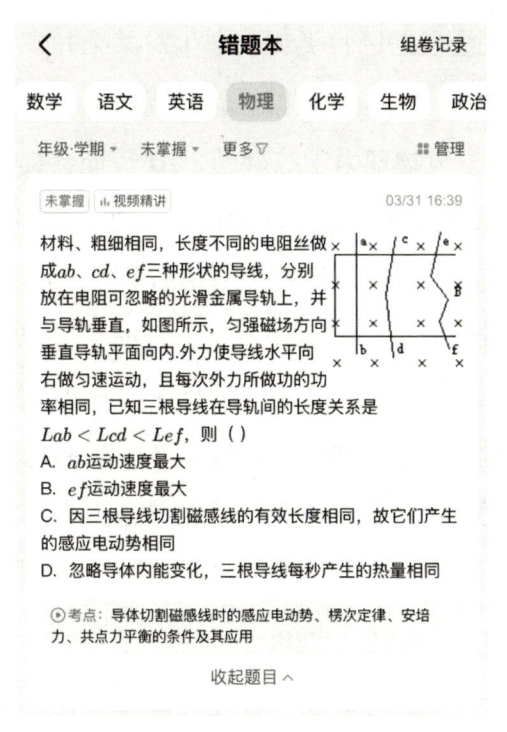

图 4-2 定位错题考点

通过对海量学习数据的分析，AI 还能揭示出该知识点在同类型题目中的常见错误倾向，如在构建辅助线时缺乏对已知条件的充分利用，或是在定理应用时条件列举不完整等。

这种精准的知识点定位，让学生能够清晰地认识到自己错误的根源所在，避免盲目地重复练习，而是有针对性地进行知识巩固与强化。

提供多元解题思路，拓展思维边界

AI 系统的优势不仅在于指出错误，更在于为学生提供丰富多样的解题思路。它会根据题目类型、学生对某个知识点的掌握程度以及过往的答题习惯，生成个性化的解题建议。

比如，对于一道物理力学综合题，AI 可能会提供基于牛顿运动定律的常规解法，同时也会给出运用能量守恒定律的巧妙解法。

对于习惯从直观图像角度思考问题的学生，AI 会通过动态模拟展示物体的受力分析过程和运动轨迹，帮助学生理解解题逻辑；而对于擅长逻辑推理的学生，AI 则会呈现详细的公式推导步骤。

这种多元的解题思路展示，能够拓宽学生的思维视野，让他们学会从不同角度审视问题，逐渐培养出灵活多变的解题思维，在遇到新题目时，能够迅速调用合适的思维方法进行分析解答。

建立知识关联，形成知识网络

错题往往不是孤立存在的，其背后反映的是学生对某一类知识体系的理解不足。AI 在分析错题时，能够敏锐地洞察到知识点之间的内在联系，并为学生构建知识关联图谱。

以化学学科为例，当学生出现关于氧化还原反应方程式配平的错题时，AI 会引导学生回顾氧化还原反应的基本概念，如氧化剂、还原剂、氧化产物、还原产物等，同时关联到元素周期律中元素的氧化性、还原性递变规律，以及常见的氧化剂、还原剂的性质特点。

通过这样的知识关联梳理，学生能够将零散的知识点串联成完整的知识网络，在解题时能够从更宏观的角度思考，综合运用相关知识，提高解题的准确性与逻辑性，使解题思维得到质的提升。

追踪学习轨迹，持续优化思维

AI 系统具备强大的学习轨迹追踪功能，它能够记录学生从最初接触错题，到后续复习巩固过程中的每一次答题数据。通过对这些数据的深度分析，AI 可以评估学生对特定知识点掌握程度的变化，以及解题思维的发展情况。

例如，如果学生在多次复习同一类型错题后，依然在某些关键步骤上出现错误，AI 会调整后续的学习建议，为学生推送更具针对性的强化练习题目，或是提供更详细的知识讲解视频。

这种持续的追踪与优化，能够让学生在不断解决错题的过程中，逐步完善自己的解题思维模式，形成一套高效、稳定的思维体系，从容应对各种学习挑战。

AI 通过精准知识点定位、提供多元解题思路、建立知识关联以及追踪学习轨迹等多方面的功能，为学生提供了全面、高效的错题分析服务，成为提升解题思维的有力助手。在学习过程中，合理利用 AI 技术进行错题管理，将为学生的学业进步开辟一条便捷、高效的道路。

4.2 辅助阅读理解，提高答题逻辑性

4.2.1 AI 辅助阅读理解的方式

AI 凭借强大的自然语言处理技术，能对各类文本展开深度剖析。它可快速识别文本结构，如分辨文章主旨、段落层次以及句子间的逻辑关系。通过分析词汇、语法和语义，AI 能够精准提取关键信息，拆解复杂的长难句，助力学生理解其中含义。

比如，在阅读科学论文时，AI 能迅速找出研究核心问题、实验方法、主要结论等关键内容，让学生快速抓住文章重点，避免在繁杂的信息中迷失。

这种智能分析文本的能力，为学生理解复杂内容提供了有力支撑，帮助他们克服阅读障碍，提高阅读效率。

每个学生的阅读水平与知识掌握程度都各有不同，AI 能够基于这些个体差异，为学生量身定制专属学习计划。它通过分析学生以往的阅读记录、答题情况等数据，评估学生的阅读能力与知识短板，进而有针对性地推荐契合学生当前水平的阅读材料和练习题。

对于阅读基础薄弱的学生，AI 会推荐一些简单易懂、趣味性强的文章，助力他们逐步积累词汇和阅读经验；而对于阅读能力较强的学生，AI 则会推荐更具深度和挑战性的文本，满足他们对知识的更高追求。

这种个性化的学习路径，能让学生按照适合自己的节奏学习，提升学习的针对性与效果，激发学生的阅读兴趣和学习动力。

在学生完成阅读理解答题后，AI 能够即时给出反馈。它不仅会指出学生答案中的错误，还会深入分析错误的原因，是对文本理解有误，还是答题思路存在偏差。针对这些问题，AI 会提供详细的改进建议，引导学生正确理解文本、运用恰当的答题技巧。当学生在回答关于文章主旨的问题出现错误时，AI 会帮助学生重新梳理文章结构，分析各个段落与主旨的关系，让学生明白自己的理解误区所在。

同时，AI 还会根据学生的错误类型，提供相关的学习资源，如知识点讲解、同类题型的练习等，帮助学生巩固知识，避免再犯同样的错误。

这种实时反馈与指导，如同一位随时陪伴的专属老师，让学生能够及时发现问题、解决问题，不断提升阅读理解能力和答题逻辑性。

为了帮助学生更好地理解阅读文本，AI 还可以提供丰富的背景信息和作者介绍。了解文章的创作背景，如时代背景、社会环境等，能够让学生更深入地体会作者的创作意图和情感表达。AI 可以通过互联网搜索和大数据分析，为学生提供全面的背景资料，使学生在阅读时能够与文本产生更深刻的共鸣。

尤其是在阅读一篇历史题材的文章时，AI 可以介绍当时的历史事件、文化氛围等，帮助学生更好地理解文章中人物的行为和思想。

此外，对作者的生平和创作风格的了解，也有助于学生把握文章的独特视角和写作特点。AI 可以详细介绍作者的主要作品、创作风格的演变等信息，让学生从多个角度理解阅读文本，丰富阅读体验，提高阅读理解的深度和广度。

> 我想了解《将进酒》，你能给我介绍一下吗

《将进酒》是唐代诗人李白的经典诗作，以下为你详细介绍：

创作背景

- 关于此诗的创作时间，一般认为是在唐玄宗天宝十一载（752 年），当时李白与友人岑勋、元丹丘相会于嵩山颍阳山居，三人登高宴饮，借酒放歌，李白遂作此诗。此时的李白已被唐玄宗"赐金放还"，离开长安已达八年之久，仕途失意，理想受挫，但他依然保持着豪迈奔放的性格和对生活的热爱，在诗中抒发了自己的愤激情绪和人生感慨。

诗歌内容与主旨

- **内容**：全诗情感饱满，无论喜怒哀乐，其奔涌迸发均如江河流泻，不可遏止，且起伏跌宕，变化剧烈。在手法上多用夸张，且往往以巨额数量词进行修饰，既表现出诗人豪迈洒脱的情怀，又使诗作本身显得笔墨酣畅，抒情有力。
- **主旨**：诗人在诗中表达了多种情感。一方面，他感叹人生短暂，如"君不见，高堂明镜悲白发，朝如青丝暮成雪"，流露出对时光易逝、人生易老的感慨。另一方面，又展现出豪放不羁的饮酒豪情，"人生得意须尽

图 4-3　豆包提供信息

4.2.2　AI 对答题逻辑性的提升作用

面对阅读理解题目，许多学生常常感到困惑，不知从何处入手，而 AI 能够引导学生逐步分析题目。它会帮助学生识别题目类型，是主旨概括题、细节理解题，还是推理判断题等。

针对不同类型的题目，AI 会提供相应的分析方法和思考角度：

对于主旨概括题，AI 会指导学生关注文章的开头、结尾以及段落的中心句，通过对这些关键部分的分析来提炼文章的主旨；对于细节理解题，AI 会提醒学生在文中找到与题目相关的具体信息，并仔细比对选项与原文的差异。

在梳理答题步骤方面，AI 也能发挥重要作用。它可以将复杂的答题过程分解为清晰的步骤，让学生按照步骤有条不紊地进行答题。以回答一道关于文章中某段的作用的题目为例，AI 会建议学生首先分析该段的内容，然后考虑该段在结构上与上下文的联系，最后从表达效果等方面进行综合分析。通过这样的引导，学生能逐渐养成有条理地答题的习惯，不再盲目答题，从而提高答题的逻辑性和准确性。

推理和论证能力是阅读理解中非常重要的能力，它要求学生能够从文本中挖掘出隐含的信息，并运用合理的逻辑进行推导和论证。AI 借助其强大的数据处理能力和先进的算法，能够辅助学生更好地完成这一过程。

当学生遇到需要推理的题目时，AI 可以帮助学生挖掘题目中隐含的条件和逻辑关系。

例如，一篇科普文章中提到某种植物在特定环境下的生长情况，题目要求学生推测如果环境发生变化，该植物的生长会受到怎样的影响。AI 可以通过分析文章中关于植物生长条件的描述，以及相关的科学知识，帮助学生找出环境变化与植物生长之间的逻辑联系，从而进行合理的推理。同时，AI 还能为学生提供一些推理的方法和技巧，如归纳推理、演绎推理等，让学生学会运用科学的推理方法来解决问题。

在论证方面，AI 可以帮助学生构建合理的论证结构，提供相关的论据支持。当学生需要阐述自己的观点时，AI 可以根据学生的观点，从大量的知识储备中筛选出相关的事实、数据、案例等作为论据，增强论证的说服力。

即使学生对题目有了清晰的理解和正确的解题思路，但如果不能将答案有条理地组织起来，也难以得到高分，AI 则可以帮助学生整合观点、组织语言，使答案逻辑连贯、表达准确。它会引导学生按照一定的逻辑顺序，如总分总、递进、并列等，将各个观点进行排列，使答案层次分明。尤其是在学生有多个观点与要点时，AI 可以帮助其进行分类整理，先阐述主要观点，再分别从不同方面进行详细阐述，最后进行总结归纳。

在语言表达方面，AI 能够对学生的答案进行语法检查和词汇优化。它可以纠正学生答案中的语法错误，使句子表达更加准确流畅。同时，AI 还能根据语境为学生推荐更恰当的词汇和表达方式，提升答案的专业性和文采，使答案更具吸引力。通过 AI 的优化，学生的答案不仅在内容上更加完整，在逻辑上更加严密，在语言表达上也能更加出色，从而提高答题的质量和得分。

4.2.3 DeepSeek 在提升大体逻辑中的作用

在分析文本深层逻辑方面，DeepSeek 表现出了卓越的能力。面对一篇复杂的文章，它能够深入剖析段落之间、句子之间以及词语之间的逻辑联系，可以准确识别出各个段落是从哪些角度展开论述的，如经济、文化、生活等方面，并且能够分析出每个段落内部句子之间的因果关系、递进关系、转折关系等。通过这种深度挖掘，DeepSeek 能够帮助学生清晰地梳理出文章的脉络，理解作者的写作思路和意图。

> 你能帮我梳理一下鲁迅先生《祝福》的脉络吗

> **鲁迅《祝福》脉络梳理**
>
> 《祝福》是鲁迅短篇小说集《彷徨》中的名篇（注：非《呐喊》，常被混淆），通过祥林嫂的悲剧命运，深刻揭露了封建礼教、宗法制度与人性冷漠对底层妇女的摧残。以下是作品的详细脉络分析：
>
> **一、核心主题**
>
> 1. 封建礼教的"吃人"本质：
>   - 祥林嫂的悲剧源于"夫权""族权""神权"的三重压迫。
>   - 再嫁被视为"失节"，死后要被阎王锯成两半的迷信恐吓。
> 2. 人性的麻木与冷漠：
>   - 鲁镇人对祥林嫂的苦难从同情到厌弃，甚至将她的故事当作娱乐。
> 3. 启蒙者的无力感：
>   - "我"作为知识分子，面对祥林嫂的提问（"人死后有无魂灵"）时逃避责任。
>
> **二、情节脉络与结构**
>
> 1. 倒叙结构：以"祝福"为框架

图 4-4　DeepSeek 梳理文章脉络

在助力学生理解题目内在逻辑方面，DeepSeek 同样发挥着重要作用。当学生遇到一道阅读理解题目时，DeepSeek 可以对题目进行深入分析，帮助学生理解题目所考查的知识点和能力要求。对于推理判断题，DeepSeek 可以引导学生关注题目中的关键词和关键信息，分析这些词和信息与文章内容之间的逻辑联系，从而找到正确的推理路径。它还可以帮助学生识别题目中的陷阱和干扰项，通过分析选项与原文的逻辑关系，判断选项的合理性，提高学生答题的准确性。

对于复杂的题目，DeepSeek 能够为学生提供系统性的答题框架，帮助学生构建完整的答题逻辑。

比如，在回答一道综合性的论述题时，DeepSeek 可以建议学生按照"提出观点—阐述理由—举例论证—总结归纳"的结构来组织答案。

首先，学生在 DeepSeek 的引导下明确自己的观点，确保观点清晰、明确且符合题意。

其次，从文章中寻找相关的论据来阐述自己的观点，这些论据可以是文章中的事实、数据、观点等。

再次，在举例论证部分，DeepSeek 可以帮助学生从文章中选取合适的例子，或者结合学生已有的知识储备，提供相关的案例来支持观点，使论证更加具体、生动。

最后，对整个回答进行总结归纳，强调观点的重要性和普遍性，使答案更加完整、有说服力。

AI 以智能分析文本、个性化学习路径、实时反馈指导等方式，全方位地助力学生理解文本、理清答题思路、强化推理论证和优化答案。DeepSeek 等先进的 AI 技术更是在挖掘文本深层逻辑、提供系统性答题框架方面发挥了重要作用，为学生构建了更加清晰、完整的答题逻辑体系。我们应对 AI 技术保持积极的态度，合理利用其优势，不断探索和创新教育教学方法，让 AI 成为推动教育进步的强大动力，助力学生的学习和成长，帮助其创造更加美好的未来。

明确观点
学生在 DeepSeek 的指导下形成清晰的观点

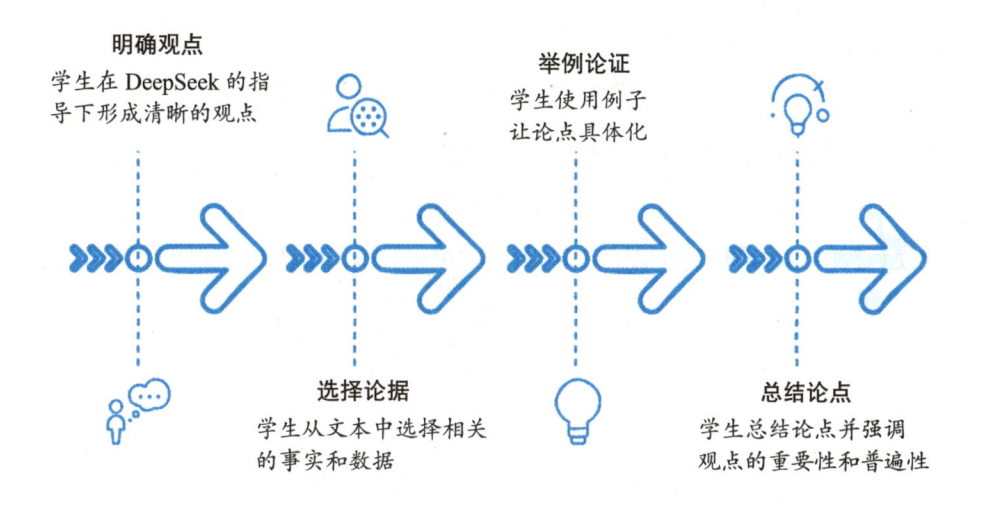

选择论据
学生从文本中选择相关的事实和数据

举例论证
学生使用例子让论点具体化

总结论点
学生总结论点并强调观点的重要性和普遍性

图 4-5　AI 帮助学生组织答案

AI 挑战任务

借助 AI 梳理文章脉络

同学们，接下来我们进行一项充满挑战又十分有趣的 AI 学习任务——借助 AI 梳理文章脉络。在日常学习中，梳理文章脉络有助于我们更好地理解文章内容、把握作者的写作思路，进而提高阅读理解能力。现在，请大家挑选一篇自己觉得结构复杂、理解起来有一定难度的文章，可以是语文课文，也可以是从课外书籍、杂志上选取的文章。然后，借助 AI 工具对这篇文章进行脉络梳理，并从准确性、完整性和对文章理解的深入程度等方面，评估 AI 梳理结果的质量。思考 AI 梳理的脉络对你理解文章有哪些帮助，同时结合自己的理解，总结如何更好地利用 AI 辅助分析文章结构。

小贴士： 在执行任务时，先明确自己选择的文章类型和主题。选择合适的 AI 工具，如 DeepSeek 等，将文章内容输入 AI，让它进行文章脉络的梳理。在查看 AI 生成的脉络时，分析其是否准确概括了文章各部分的主要内容。比如，文章中段落之间是因果关系，AI 是否正确识别并体现出来。检查 AI 梳理的脉络是否涵盖了文章的关键信息，有没有遗漏重要情节或观点。在借助 AI 梳理脉络的过程中，记录自己对文章理解的变化。如果 AI 梳理的脉络存在问题，思考是 AI 对文章的某些细节理解不准确，还是文章本身结构较为特殊导致的。通过这样的实践，学会巧妙借助 AI 提升自己梳理文章脉络、理解文章的能力，为今后的阅读学习打下坚实基础。

第 5 章

考试备考

5.1 帮助孩子制订学习计划

在孩子的学习成长过程中,制订一个科学合理的学习计划至关重要,它就像为孩子的学习之旅绘制的精准地图,能引领孩子有条不紊地朝着知识的高峰攀登。然而,现实中孩子在制订学习计划时,往往会遇到许多问题。

首先,孩子对自己的学习情况了解得不够全面深入,只能凭借大概的想法理所当然地安排学习任务,导致计划与实际需求相脱节。这样的计划缺乏针对性,难以有效提升孩子的学习成绩。

其次,在时间安排上不合理,如把学习时间安排得过于紧凑,精确到每一分每一秒,往往导致最后很难按照计划进行学习;或者安排得过于松散,有大量的空闲时间却不知道如何有效利用,导致学习效率低下。

最后,每个孩子都有独特的学习风格和习惯,有的孩子是视觉型学习者,对图像、色彩敏感;有的孩子是听觉型学习者,通过听讲解、背诵能更好地掌握知识;还有的孩子是动觉型学习者,需要通过动手实践来加深理解。然而,在日常学习中,即使孩子能够了解自己的学习风格,明白自己符合哪种学习类型,往往也难以找到迅速、方便、即时的工具满足他们的多样化需求。在计划中总是采

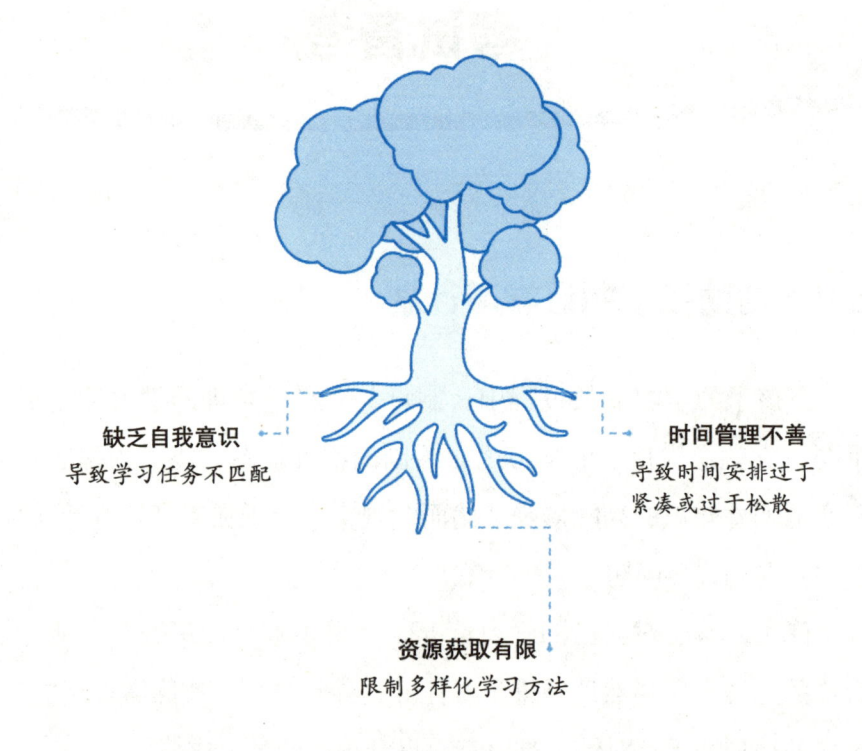

缺乏自我意识
导致学习任务不匹配

时间管理不善
导致时间安排过于
紧凑或过于松散

资源获取有限
限制多样化学习方法

图 5-1　学生制订学习计划可能出现的问题

用单一的学习方法，也会影响孩子的学习质量与效率。

AI 技术的兴起，无疑为解决这些难题带来了新的希望。它助力学习计划制订的第一步，便是进行全方位的学情分析。通过多渠道收集孩子的学习数据，包括考试成绩、作业完成情况、课堂互动表现，甚至是在线学习平台上的点击记录、停留时间等信息，AI 可以对孩子的学习状况展开深度剖析。

以考试成绩分析为例，AI 不仅能计算出总分、平均分、排名等常规数据，还能深入挖掘成绩背后隐藏的信息。比如，分析孩子在各个知识点上的得分率，判断其对不同知识板块的掌握程度。如果孩子在数学考试中，函数部分的得分率明显低于几何部分，AI 就能精准判断出函数是其知识薄弱环节。

在作业分析方面，AI 可以借助图像识别、自然语言处理等技术，对孩子的书面作业和电子作业进行批改和分析。它不仅能判断答案的对错，还能分析孩子的解题思路和答题习惯。

例如，通过分析孩子在语文作文中的用词、语法、逻辑结构等，发现其写作能力的优势与不足；通过分析数学作业中的解题步骤，判断孩子是否掌握了正确的解题方法，以及是否存在粗心大意等问题。

课堂表现数据同样是 AI 分析的重要依据。通过智能摄像头、课堂互动软件等工具，AI 可以记录孩子在课堂上的发言次数、提问频率、参与小组讨论的积极性等信息。如果一个孩子在英语课堂上很少主动发言，AI 就能分析出这个孩子可能在英语口语表达方面存在一定的困难或者缺乏自信。

通过对这些多维度数据的综合分析，AI 能够为每个孩子绘制出一幅精准的学习画像，清晰地呈现出孩子的学习优势、劣势、兴趣点以及学习风格，为后续制订个性化学习计划提供坚实的数据基础。

在完成全方位学情分析后，AI 便开始施展它的"魔法"，为孩子量身打造个性化的学习计划。它会充分考虑孩子的学习特点、兴趣爱好以及未来的目标志向，就像一位经验丰富的裁缝，根据每个人的身材量体裁衣，确保学习计划既合身又实用。

针对不同学习特点的孩子，AI 会采用不同的教学方法和策略。

例如，对于记忆力较强但逻辑思维稍弱的孩子，在学习数学时，AI 可能会推荐更多通过记忆公式、定理，再结合大量习题来巩固知识的学习方法；而对于逻辑思维能力较强但注意力容易分散的孩子，AI 则会设计一些具有挑战性的逻辑推理题目，以激发他们的学习兴趣，同时采用时间管理技巧，帮助他们集中注意力，提高学习效率。

兴趣爱好也是 AI 制订学习计划时重点考量的因素。如果孩子对科学实验充满兴趣，AI 在规划学习计划时，会适当增加科学类课程的比重，推荐一些科普读物、在线科学实验课程以及相关的科学竞赛活动，让孩子在自己感兴趣的领域深入探索，培养其专业素养和创新能力。

例如，对于喜欢生物实验的孩子，AI 可能会推荐《细胞生命的礼赞》等科普书籍，以及线上的生物实验课程，如"虚拟细胞实验室"，让孩子在虚拟环境中进行各种细胞实验操作，加深对生物学知识的理解，从而快速掌握。

考虑到孩子的目标志向，AI 会为他们制定具有针对性的学习路径。如果孩子未来想报考理工科院校，AI 会在学习计划中强化数学、物理、化学等学科的学习，安排更多的相关课程和练习题，同时推荐一些与理工科相关的拓展学习资源，如科研项目、学术讲座等，帮助孩子提前了解专业领域的前沿知识和研究方向。

正如之前提到的，学习是一个动态变化的过程，孩子的学习状态、知识掌握程度以及外部环境等因素都可能随时发生变化。因此，AI 制订的学习计划并非一成不变，而是像一个灵活的智能导航系

2. 阅读与写作（每天30分钟）

- 阅读理解：
  - 每天1篇中考真题，总结答题模板（如"修辞手法作用=手法+内容+情感"）。
  - 推荐书目：《朝花夕拾》《繁星·春水》（适合初中生）。
- 作文：
  - 每周写1篇短文（日记/读后感），每月完成1篇完整作文。
  - 建立"素材本"：分类记录人物、事件、名言（如"亲情""成长"）。

3. 拓展兴趣（周末）

- 看纪录片：《中国古诗词动漫》《跟着书本去旅行》。
- 参加活动：朗诵比赛、校园文学社（激发表达欲）。

三、其他科目均衡策略

1. 数学/英语（每天40分钟）

- 数学：
  - 基础题：用《初中数学小题狂做》每天练10题。
  - 错题本：记录粗心错误（如符号漏写）。

图 5-2　DeepSeek 按照兴趣爱好生成学习计划 1

> 我是一个初中生，请你帮我制订一个学习计划，在所有科目中，我对语文最感兴趣

初中生学习计划（语文兴趣导向版）

目标： 在保持语文优势的同时，均衡提升其他科目，培养高效学习习惯。
适用阶段： 初一至初三（可根据年级调整强度）。

一、每日学习时间表（参考）

总原则： 每天固定2小时专注学习（周末可延长），利用碎片时间巩固。

时间段	学习内容	具体安排（语文优先）
6:30-7:00	晨读+早餐	背诵古诗文/优秀作文/英语单词
放学后17:00-18:00	自由兴趣时间	阅读课外书（散文、名著等）
19:00-20:00	主科学习（语文+1科弱项）	语文：阅读理解1篇+作文片段练习
20:10-21:00	理科/英语	数学：每天10道基础题+1道压轴题
21:00-21:30	总结+明日计划	整理语文素材本/错题本

图 5-3　DeepSeek 按照兴趣爱好生成学习计划 2

统，能够根据孩子的学习进度、考试结果、学习状态变化等实时反馈信息，及时调整学习计划，确保学习计划始终与孩子的实际需求相匹配。

在每次考试结束后，AI 会迅速对考试成绩进行分析，不仅关注成绩的高低，更注重分析成绩背后反映出的学习问题。如果孩子在这次数学考试中，代数部分的成绩有明显提升，但几何部分的成绩却有所下降，AI 会及时调整学习计划，增加几何部分的学习时间和练习量，安排针对性的辅导课程或学习资料，帮助孩子查缺补漏，提升对几何知识的掌握水平。

除了考试成绩，AI 还会持续关注孩子的日常学习状态。如果连续几天发现孩子完成作业花费的时间过长，或者学习效率低下，AI 会自动分析原因，判断是学习内容难度过大，还是孩子出现了疲劳、分心等情况。

如果是学习内容难度过大，AI 会适当降低学习任务的难度，或者提供更多的学习辅助资料和指导；如果是孩子学习状态不佳，AI 会建议孩子适当休息，调整学习时间和节奏，或者推荐一些放松身心的方法，如冥想、听音乐等，帮助孩子恢复良好的学习状态。

此外，当孩子在学习过程中遇到突发情况，如生病请假、参加重要活动等，导致学习进度受到影响时，AI 也能及时调整学习计划，合理安排后续的学习任务，确保孩子能够跟上学习进度，不会因为突发情况而落下太多功课。

由此可见，AI 对孩子制订学习计划有着重要的作用，它的优势之一就在于能够精准高效地分析、定位孩子的学习情况与问题，并提供最合适的学习内容与方法，让每一分努力都能落到实处，大大提高学习效率，而不用让孩子耗费大量的时间与精力做无意义的努力。

在当今这个知识快速更新的时代，培养孩子的自主学习能力比单纯传授知识更重要。

AI 在这方面能够发挥重要的引导作用，帮助孩子逐渐学会自我管理、自我监督和自我评估，养成良好的自主学习习惯，这也是它的另一个优势。AI 可以为孩子提供详细的学习进度跟踪和提醒功能，帮助孩子合理安排学习时间，制订科学的学习计划，并按照计划有序地进行学习。

有些学习软件可以根据孩子的学习目标和任务量，将学习时间划分为若干个小阶段，每个阶段设定具体的学习任务和时间节点，并在任务截止前及时提醒孩子。

通过这种方式，孩子能够逐渐学会合理规划自己的学习时间，提高时间管理能力和自律性。

在学习过程中，AI 还能引导孩子进行自我反思和自我评估。每次完成作业或测试后，AI 会为孩子提供详细的学习报告，不仅指出孩子的错误和不足之处，还会分析错误的原因，并给出改进的建议和方法。孩子可以根据这些反馈信息，对自己的学习过程进行反思，总结经验教训，调整学习策略，从而不断提高自主学习能力。

5.2 利用 AI 模拟考试，提高应试能力

5.2.1 AI 模拟考试纳入教学体系

如今，AI 模拟考试越发得到大家的关注。过去，学生们主要依靠纸质试卷或简单的电子题库进行模拟考试，不仅题目数量有限，而且无法根据个人情况提供针对性练习。然而，随着 AI 技术的成熟，各类智能学习平台如雨后春笋般涌现，为学生提供了丰富多样的模拟考试资源。许多知名教育机构纷纷将 AI 模拟考试纳入教学体系。

新东方大学生学习与发展中心的考研智能学习系统"慧学系统"，在 2024 年对 AI 辅助批改功能进行了升级与模型调试。该系统建立了丰富的数字题库，结合历年真题大数据及人工校验，研发了 AI 大模型赋能的自生产题目系统，可以根据学科核心知识点和考查难度自动生成模拟题，为学生练习与巩固提供更多优质资源。

2022 年 11 月，临淄区政府、临淄区教体局启动"人工智能＋教育应用示范采购项目"，为全区初中学校六至九年级提供 38 套听说模拟考试系统，并针对初中九年级建立英语听说智能化互动教学系统——AI 听说课堂，构建课堂学习、课后训练、机房考试全场景的智能化教学环境。系统实时评分并将数据传输至教学大屏，教师可快速掌握班级整体学情及每个人的练习情况，有针对性地调整教学重难点，实现精准教学。截至 2024 年 8 月，临淄区教师借助 AI 听说课堂开展教学共计近 2000 次，使用听说模拟考试系统开展英语听

力及口语测试超 200 次。

AI 模拟考试的重要性不言而喻。它打破了传统模拟考试的局限性，为学生提供了更加个性化、高效的学习体验。通过 AI 模拟考试，学生可以更精准地了解自己的知识掌握情况，及时发现薄弱环节，有针对性地进行复习和强化训练。AI 模拟考试还能帮助学生熟悉考试流程和节奏，减轻考试紧张感，提高应试技巧和心理素质。

5.2.2　巧妙利用 AI 模拟考试的策略

制订科学的模拟考试计划是充分发挥 AI 模拟考试作用的关键。考生应根据考试时间和自身情况，合理安排模拟考试的频率和时间。

如果距离考试还有较长时间，比如 3 个月以上，可每周进行一次 AI 模拟考试，这样既能保证对知识的持续巩固和检测，又不会给考生造成过大的压力。

在考试前 1 个月，可适当提高模拟考试的频率，调整为每 3—4 天进行一次，让考生更好地适应考试节奏。

对于基础较薄弱的考生，在前期可以先进行章节或模块的专项模拟考试，集中精力攻克各个知识点，随着学习的深入再进行综合性的模拟考试。

在时间安排上，要尽量选择与正式考试相同的时间段进行模拟考试，让考生的生物钟和思维状态在这个时间段内达到最佳的应试水平。

例如，高考的数学考试在下午进行，那么考生在使用 AI 模拟考试时，也应尽量安排在下午进行数学模拟考试，这样有助于考生在正式考试时快速进入状态，发挥出更好的水平。

每次模拟考试的时长也要严格按照正式考试的要求设定，培养考生合理分配时间的能力。

比如，公务员考试的行政职业能力测验考试时间为 120 分钟，考生在进行 AI 模拟考试时，就必须在 120 分钟内完成答题，从而逐渐掌握在规定时间内完成所有题目的技巧。

深度分析模拟考试结果是从 AI 模拟考试中获取最大收益的重要环节。考生在完成 AI 模拟考试后，不能仅关注考试成绩，更要对考试结果进行深入剖析，要认真分析每一道错题，找出错误的原因。原因可能包括对知识点的理解不够透彻、记忆模糊、解题思路错误、粗心大意等。

比如，在英语模拟考试中，如果考生在阅读理解部分频繁出错，就需要分析是因为词汇量不足导致理解文章困难，还是因为阅读技巧欠缺，无法准确把握文章主旨和关键信息。

从错题中总结知识漏洞是提升学习效果的关键。考生可以将错题按照知识点进行分类，找出自己在哪些知识板块存在不足。

比如，在物理模拟考试中，发现自己在电场、磁场等电磁学部分的错题较多，就可以确定电磁学是自己的薄弱环节，进而有针对性地进行复习。

针对这些知识漏洞，考生可以重新学习相关的教材内容，观看教学视频，或者查阅相关的参考资料，加深对知识点的理解和掌握。

根据模拟考试结果及时调整学习策略，是提升学习效果的重要举措。

如果发现自己在某些题型上表现不佳，如数学的证明题、语文的作文等，就需要调整学习方法，加强对这类题型的专项训练。可以通过 AI 模拟考试平台搜索更多相关题型进行练习，学习解题技巧和方法，积累答题经验。

如果发现自己在考试过程中时间分配不合理，导致部分题目来不及作答，那么在后续的学习和模拟考试中，就要注重对时间管理的训练，提高答题速度和效率。

5.2.3　AI 模拟考试的独特优势

AI 模拟考试的一大核心优势在于能够实现个性化定制学习路径。以智考典题库为例，它通过强大的算法，深入分析考生的答题情况、错题集以及学习进度等多维度数据。

比如，一位准备参加教师资格证考试的考生，在使用智考典题库进行模拟考试后，平台会详细统计其在综合素质、教育知识与能力、学科知识与教学能力等各个模块的答题正确率和错误类型。如果发现该考生在教育心理学部分的题目错误较多，平台就会有针对性地推送更多关于教育心理学的练习题和知识点讲解，包括相关的案例分析、理论拓展等内容。

这种个性化的题目推送，能够让考生集中精力攻克自己的薄弱环节，避免在已经掌握的知识点上浪费时间，从而大大提高学习效率，实现学习效果的最大化。

AI 模拟考试系统还具备实时反馈与深度解析的功能，这对考生的学习和提升有着至关重要的作用。在 AI 学法减分 App 的模拟考试中，考生提交答案后，系统能瞬间检查答案，并给出详细的解题思路和错误原因分析。

假设考生在一道关于交通信号灯含义的题目上出错，系统不仅会指出考生的答案错误，还会详细解释正确答案的依据，比如引用相关的交通法规条文，说明该信号灯在不同情况下的指示意义，以及容易与其他信号灯混淆的地方。

通过这种深度解析，考生能够及时了解自己的错误所在，深入理解知识点，避免在后续的学习和考试中犯同样的错误。而且，这种即时反馈能够让考生在学习过程中不断调整自己的学习方法和策略，巩固知识，提升学习效果。

图 5-4 AI 学法减分 App 的模拟考试页面

AI模拟考试能够创造出全真的考试环境，从多个方面帮助考生熟悉考试流程，克服紧张情绪，提升应试技巧，这也是它的第三个优势。

就像昭昭医考App的全真模拟考试功能，它在题型设置上，完全按照真实的医学考试标准，涵盖了选择题、简答题、病例分析题等各种题型，并且每种题型的占比和分值分布都与实际考试一致。

在考试难度方面，通过对历年真题的分析和专家团队的评估，精准把握考试的难易程度，确保模拟考试的题目难度与真实考试相当。

考试时间也严格按照正式考试的要求设定，让考生在规定时间内完成答题，培养考生合理分配时间的能力。

在模拟考试过程中，还会模拟真实考场的氛围，如倒计时提示、答题界面的布局等，让考生仿佛置身于真正的考场。

通过多次这样的全真模拟考试，考生能够提前适应考试的紧张节奏，熟悉考试流程，减少考试时的紧张感，从而在正式考试中能够更加从容地应对，发挥出自己的最佳水平。

AI 挑战任务

借助 AI 模拟考试

同学们,现在我们迎来一项新奇且实用的 AI 学习挑战——借助 AI 模拟考试。模拟考试能帮助我们提前熟悉考试流程、题型分布,还能检验知识掌握程度,及时发现学习中的薄弱环节。现在,请大家依据自己目前的学习进度和学科情况,选择一门想要进行模拟考试的学科,如数学、英语、历史等。借助 AI 模拟考试,从题型匹配度、难度合理性、对考试结果分析的有效性等方面,评估 AI 模拟考试的质量。思考 AI 模拟考试对你的学习有哪些帮助,以及如何更好地利用 AI 模拟考试提升学习效果。

小贴士: 在执行任务时,先确定要模拟考试的学科和相应的学习阶段,例如初中数学的函数章节或高中英语的必修内容。选择合适的 AI 学习工具。进入模拟考试环节,仔细观察 AI 生成的试卷,检查题型是否与实际考试相符,比如数学的选择题、填空题、解答题比例,英语的听力、阅读、写作题型设置等。感受考试难度,判断是否与自己当前的学习水平相适应。完成考试后,认真查看 AI 给出的考试结果分析,看它是否精准指出了你的知识薄弱点。如果 AI 模拟考试的效果未达预期,思考是 AI 的题目库不够完善,还是自己对考试难度把控不够。通过这次实践,学会合理借助 AI 模拟考试,有针对性地进行学习提升,从而在正式考试中取得更好的成绩。

第 6 章

跨学科学习

6.1 利用 AI 拓展知识，打破学科边界

从智能手机中的语音助手到医疗领域的智能诊断系统，从交通领域的自动驾驶技术到金融行业的风险预测模型，AI 的身影无处不在。这一变革性的技术，正促使传统的学科边界变得模糊，让知识之间的联系越发紧密。

回顾人类知识体系的发展历程，学科划分的初衷在于使研究工作更具系统性和深度，同时促进知识有序传承。

在漫长的历史进程中，过去的学科之间仿佛筑起了一道道坚固的壁垒，界限极为分明。那时的学者们大多将全部精力集中于单一学科领域，心无旁骛地在这片专属天地里进行深度的探索，力求在自己擅长的领域挖掘出更多的知识宝藏。

然而，时代的巨轮滚滚向前，随着 AI 技术如璀璨新星般迅速兴起，这种传统的学科划分方式遭遇了前所未有的冲击与挑战。

AI 是一门综合性极强的技术，而非孤立存在的单一技术。它的构建融合了多个学科的精华：计算机科学里复杂的算法设计、编程逻辑等知识，数学领域里严谨的理论推导、模型构建，统计学中精准的数据收集与分析方法，心理学中对于人类认知、思维模式的深入研究成果等。

正因如此，AI 的持续发展和广泛应用迫切需要跨学科的思维方式和研究方法，只有打破学科间的界限，让不同学科的知识相互碰撞、交融，才能为 AI 技术的创新与突破注入源源不断的动力。

计算机科学
复杂算法设计与编程逻辑基础。

数学
严谨理论推导与模型构建支持。

统计学
精准数据收集与分析方法。

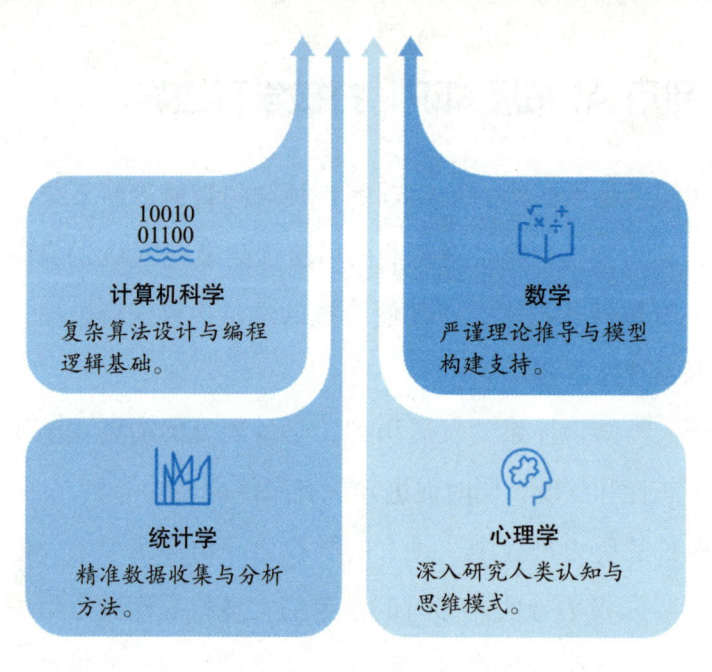

心理学
深入研究人类认知与思维模式。

图 6-1　AI 的多学科基础

在当下这个信息爆炸的时代，各类信息如潮水般汹涌而来，知识的获取途径变得极为丰富，理论上而言已不再是一件难事。然而，真正棘手的是，如何在这浩如烟海、纷繁杂芜的海量信息中，快速且精准无误地定位到自己真正需要的内容。这就如同在一片无垠的知识海洋里捞针，难度可想而知。

而 AI 工具的出现，犹如一道曙光，为我们有效解决了这一棘手难题。其中，智能搜索引擎和学术数据库便是极具代表性的 AI

应用。

以百度、谷歌等为典型代表的智能搜索引擎，深度借助 AI 强大的自然语言处理和机器学习技术，实现了质的飞跃。它不再仅仅局限于传统的简单关键词匹配模式，那种模式就像是在黑暗中摸索，效率低下且精准度欠佳。如今，当我们向智能搜索引擎输入一个复杂且带有模糊语义的问题时，它能够凭借先进的技术，深入理解用户的意图。然后，以极快的速度在全球范围内的网页中展开地毯式搜索，将那些潜藏在网络各个角落的相关信息一一挖掘出来，并通过智能算法对这些信息进行严格筛选，挑出最具相关性的内容，最后以清晰明了、条理分明的方式呈现给我们，让我们能够迅速获取关键知识，极大地提升了信息检索的效率和准确性。

在学术研究领域，Web of Science、中国知网等极具影响力的学术数据库积极运用先进的 AI 技术，对数量庞大且内容繁杂的海量学术文献展开精细的分类、精准的索引与规范的标注工作。

科研人员在进行研究时，操作极为便捷，仅需在数据库的搜索栏中输入相关研究主题，便能快速获取全球范围内最新且最具权威性的研究成果。

无论是前沿医学领域探索疾病的发病机制与治疗新方法，还是基础物理学范畴研究物质的基本结构与相互作用，社会学领域关注社会现象与发展规律，乃至其他任何学科的文献资料，都能通过这些数据库轻松获取。

这种跨学科的信息获取方式，宛如一把利刃，彻底打破了传统学科之间森严的界限，为科研人员开辟出更广阔的知识天地，使他们得以以更全面、更广阔的知识视野开展深入且富有创新性的研究工作，从而推动各个学科不断向前发展，促进不同学科之间的交叉融合与协同创新。

图 6-2　中国知网页面

个性化学习平台是 AI 智能推荐系统的典型应用场景。在数字化教育蓬勃发展的当下，以学而思网校、作业帮等为代表的在线教育平台，正借助先进的 AI 技术对学生的学习行为进行全方位深度分析。

从学习进度层面来说，能够精准追踪学生在各个知识模块的推进速度，判断其是否在某个知识点上有所滞留。

对于答题情况，细致分析答题的准确率、错误类型以及答题所耗费的时间，洞察学生对不同知识的掌握程度与思维误区。

在学习时长统计方面，精确记录学生每日、每周乃至每月投入学习的时间，了解其学习的勤奋程度与时间分配合理性。

在兴趣偏好分析上，通过学生对不同学科、不同学习形式（如视频课程、文本资料、互动练习等）的选择倾向，把握学生的兴趣所在。

基于对这些海量且多元的数据进行深入挖掘与分析，平台得以精准无误地了解每个学生独一无二的学习状况和兴趣点，进而依据这些个性化特征，为学生推荐高度适配的个性化学习资源，如契合其知识短板的专项练习题、符合其兴趣的拓展阅读材料、匹配其学习节奏的在线课程等，助力学生实现更高效、更具针对性的学习。

学习进度追踪
监控学生在各个知识模块中的进展速度。

答题情况分析
评估准确率、错误类型和学习时间以了解掌握程度。

学习时长统计
记录学习时间以评估勤奋程度和时间分配合理性。

兴趣偏好分析
确定学科和学习形式的兴趣。

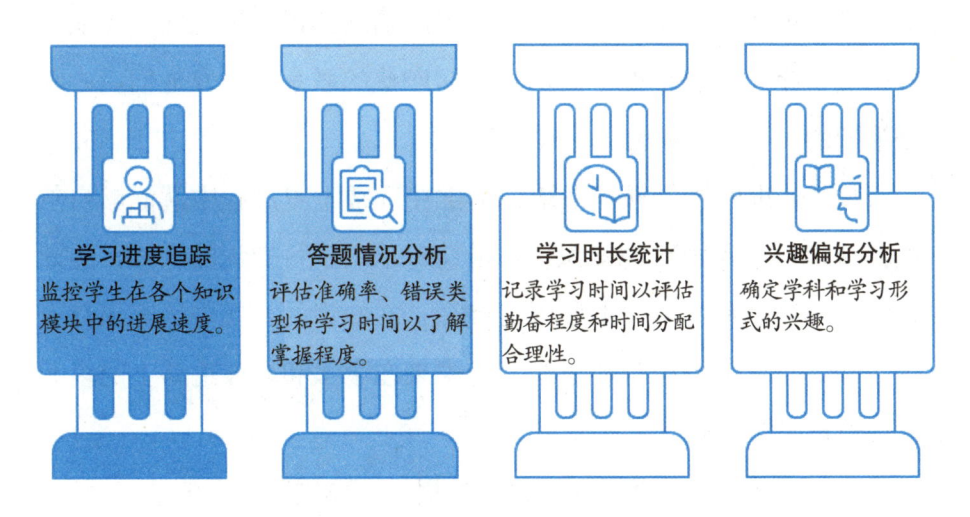

图 6-3　利用 AI 实现个性化学习体验的创新方法

如果一个学生在数学学习进程中，通过积极参与课堂讨论、主动完成拓展练习等行为，显著表现出对几何问题超乎寻常的浓厚兴趣，比如对各种复杂几何图形的性质和定理探究乐此不疲；同时，在物理学习时，面对光学部分的知识，不仅能熟练掌握光的折射、反射定律等基础内容，还能灵活运用这些知识去解释生活中的光学现象，像彩虹的形成原理、汽车后视镜的工作机制等。那么，平台便会依据这一精准的学情分析，推荐一些精心筛选的、将几何知识与光学原理紧密结合的跨学科学习资料。例如，深入讲解光学仪器的设计细节与几何知识和光学原理在其中的精妙应用等内容：从简单的放大镜镜片设计中几何形状对光线汇聚的影响，到复杂的天文望远镜内部光学结构搭建所涉及的几何知识运用。

这种推荐绝非随意为之，而是有着明确的目的，不仅能够深度满足学生的兴趣需求，为他们提供更广阔的知识探索空间，还能巧妙引导学生主动去挖掘不同学科之间潜藏的联系，激发他们内心深处强烈的学习兴趣和无尽的探索欲望。

通过先进的智能推荐系统，学生在日常学习过程中就能够自然而然地接触到跨学科的知识，从最初对单一学科知识的认知，逐渐过渡到打破学科之间看似坚固的壁垒，在知识的交融中培养出具有创新和综合能力的跨学科思维，为未来在学术和职业道路上的多元发展奠定坚实基础。

知识图谱是一种极强大且独特的揭示实体之间关系的语义网络，它就像是一张精心编织的巨大无形之网，以极直观且形象的图形化方式，将不同学科知识之间那错综复杂又微妙的内在联系清晰地展示出来。

例如，在一个规模宏大、全面涵盖自然科学和社会科学的知识图谱当中，"人类"这一核心实体，其关联的知识范畴极为广泛。

从生物学的微观角度来看，它与"人体结构"中骨骼、肌肉、器官等知识紧密挂钩，还和"生理机能"中新陈代谢、神经传导、免疫系统运作等动态过程的知识相互关联。

从社会学的宏观层面而言，"人类"又与"社会关系"中家庭关系、社交网络、阶层划分等知识有着千丝万缕的联系，同时和"文化习俗"中语言文字、传统节日、风俗习惯等知识紧密相连。

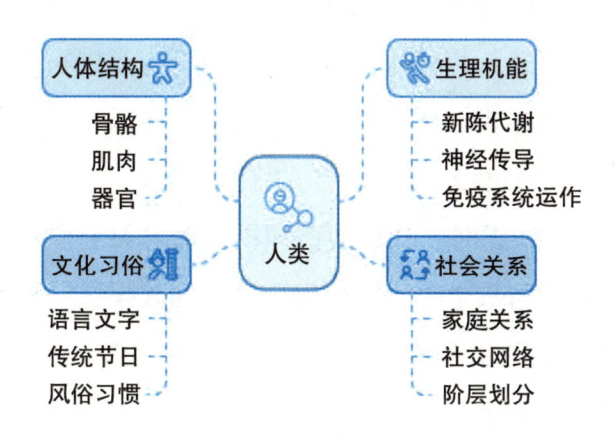

图 6-4　人类知识图谱的广泛关联

再看"计算机技术"这个实体。在数学领域，它深度涉及算法的精妙设计、逻辑的严密推导，每个算法的优化都离不开数学理论的支撑；在电子工程方面，又与硬件技术里芯片制造、电路设计，以及通信技术中信号传输、网络架构等息息相关，各个环节相互配合，共同推动计算机技术的不断发展与革新。

通过知识图谱，学习者能够以一种极为直观且清晰的方式，看到不同学科知识之间千丝万缕的脉络和紧密的关联，进而逐步构建起全面、有序且系统的知识框架。

以学习历史事件为例，知识图谱就像是一位无所不知的向导，它能够精准地将该历史事件与当时所处时代的政治局势紧密相连，比如当时政权的更迭、政策的推行等；与经济状况深度挂钩，像经济发展模式、贸易往来情况等；和文化风貌相互映照，如社会主流思想、文学艺术的发展等；还能与科技水平紧密结合，例如当时重大的科技发明创造及其对社会的推动作用等。通过联系多方面的因素，全方位、立体式地让我们从多个角度全面深入地理解历史事件的发生背景、发展过程以及所产生的深远影响。

在学习物理知识时，知识图谱同样发挥着关键作用。它可以巧妙地将物理原理与数学公式紧密融合，借助数学这一强大工具，深入剖析物理原理背后的逻辑和规律；与化学现象相互呼应，揭示物理变化和化学变化之间的内在联系；和工程应用有机结合，将抽象的物理知识具象化到实际的工程场景中，帮助我们更好地掌握物理知识的本质，清晰明确其应用场景，使我们在面对复杂的物理问题时能够举一反三，灵活运用。

总而言之，知识图谱为我们提供了一个全景式的知识视角，宛如一幅涵盖所有知识领域的宏伟画卷，让我们在学习过程中能够轻松跨越学科边界，打破学科之间的壁垒，实现知识的融会贯通，为我们开启了一扇通往更广阔知识殿堂的大门。

6.2 利用 AI 帮助孩子综合分析问题，培养跨学科思维

6.2.1 AI 在跨学科教育中的核心应用

模拟真实场景，培养综合分析能力

虚拟实验室和教育游戏等 AI 应用，为学生提供了一个可以自由探索和实践的虚拟空间，让他们在模拟真实场景中，充分调动多学科知识，解决复杂问题，培养综合分析能力。

以物理学科中的电路实验为例，学生可以通过虚拟实验室在电脑上搭建各种复杂的电路，如串联、并联、混联电路等。

在这个过程中，学生不仅需要运用物理知识来理解电路的原理和特性，还需要借助数学知识来计算电阻、电流、电压等物理量。同时，为了使电路能够正常工作，他们还需要考虑电路布局、元件选择等工程问题，这又涉及工程学的知识。当电路出现故障时，学生需要运用逻辑思维和推理能力，分析可能出现的问题，并通过不断尝试和调整来解决问题。

这种虚拟实验环境，让学生在一个安全、可重复的空间里，深入理解物理知识的同时，也锻炼了数学计算、工程设计和逻辑推理

等多方面的能力。

在教育游戏领域，《我的世界》是一个典型的例子。

在这个游戏中，玩家需要在一个虚拟的世界里生存和发展。为了建造房屋、制作工具、种植作物等，玩家需要综合运用多学科知识。比如，建造房屋需要考虑建筑结构的稳定性，这涉及物理学中的力学知识；制作工具需要了解材料的性质和加工方法，这与化学和材料科学相关；种植作物则需要掌握植物生长的规律，这属于生物学的范畴。

而且，在游戏中还会遇到各种挑战和任务，如应对怪物的攻击、探索未知的领域等，玩家需要运用策略和规划，结合数学计算来制订最佳的解决方案。

通过参与这样的教育游戏，学生能够在轻松愉快的氛围中，自然地运用多学科知识解决问题，逐渐培养起综合分析能力。

数据分析与逻辑推理训练

数据分析是 AI 的核心能力之一，它与数学、统计学等学科紧密相连。在跨学科学习中，利用 AI 工具进行数据分析，不仅可以帮助学生更好地理解和运用数学、统计学知识，还能培养他们从数据中发现规律、总结结论的逻辑推理思维。

在学习生物学科时，研究生物种群的数量变化是一个重要的内容。学生可以借助 AI 工具，收集和分析大量的生物种群数据，如某种动物在不同环境条件下的数量变化、繁殖率、死亡率等。

通过运用数学中的函数、图表等工具，对这些数据进行可视化处理，学生可以直观地看到生物种群数量的变化趋势。然后，运用统计学中的方法，如相关性分析、回归分析等，研究影响生物种群数量变化的因素，如食物资源、天敌数量、环境温度等。

在这个过程中，学生需要运用逻辑推理思维，从数据中找出因果关系，解释生物种群数量变化的原因。

通过这样的数据分析训练，学生不仅加深了对生物学科知识的理解，还提高了数学和统计学的应用能力，以及逻辑推理思维。

在社会科学研究中，数据分析同样发挥着重要作用。例如，研究城市交通拥堵问题，学生可以利用 AI 技术收集城市交通流量、道路状况、出行时间等多方面的数据。通过数学建模和统计学分析，找出交通拥堵的规律和主要影响因素，如上下班高峰期、道路建设不完善、公共交通利用率低等。然后，运用逻辑推理思维，提出针对性的解决方案，如优化交通信号灯设置、加强公共交通建设、推广智能交通系统等。

这种跨学科的数据分析训练，可以让学生学会从多个角度思考问题，运用不同学科的知识和方法解决实际问题，培养了他们的综合分析能力和逻辑推理思维。

鼓励多元思考，培养创新意识

AI 生成的多样化观点和创意启发，为学生提供了广阔的思维空间，帮助他们突破传统思维定式，在跨学科融合中培养创新思维。

在艺术创作领域，AI 绘画工具如 Midjourney、Stable Diffusion 等，能够根据用户输入的文字描述生成各种风格独特的绘画作品。

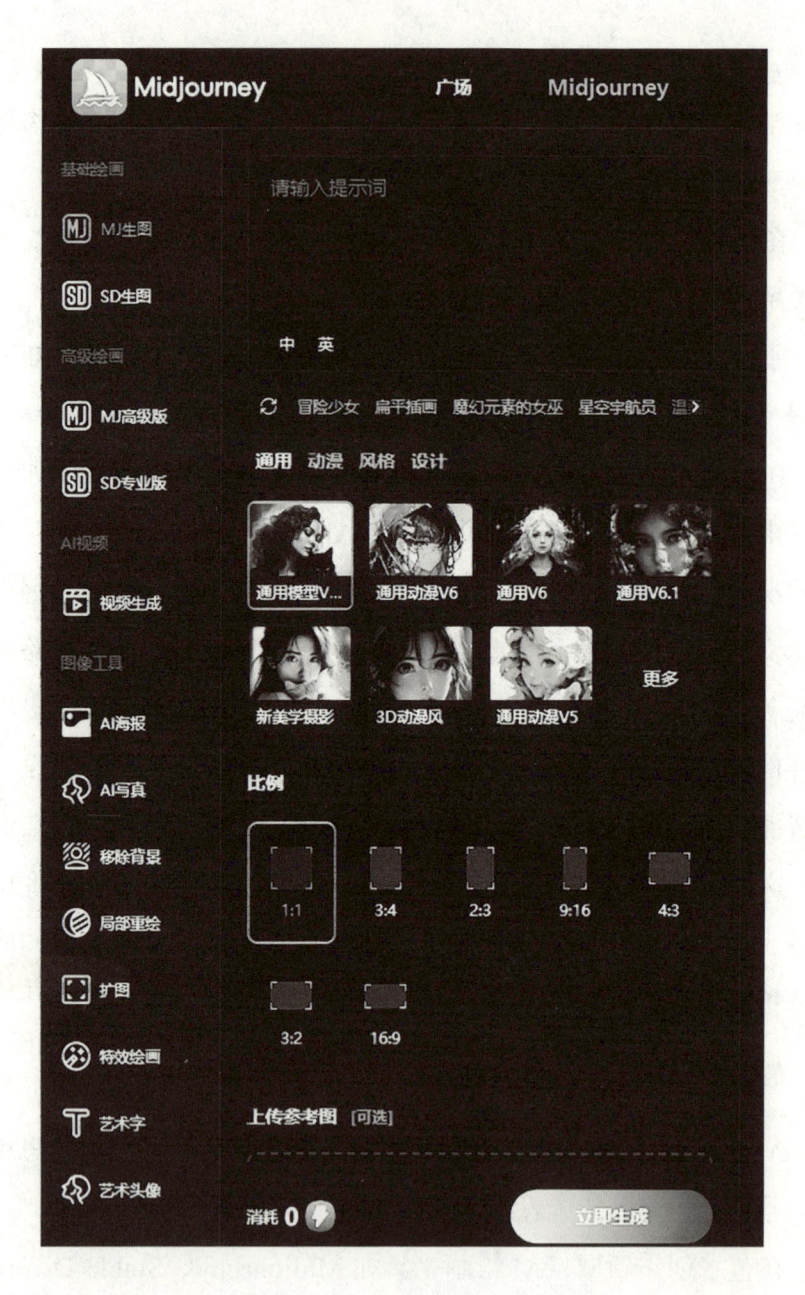

图 6-5　Midjourney 中文站页面

学生在使用这些工具时，可以输入不同学科的元素和概念，如物理学中的宇宙天体、生物学中的动植物形态、数学中的几何图形等，让 AI 将这些元素融合在一起，生成独特的艺术作品。

这种创作方式打破了传统艺术创作的局限，让学生从不同学科的视角去思考和表达，激发了他们的创新思维。

例如，学生可以以"量子世界的生命"为主题，让 AI 生成一幅融合量子物理概念和生物形态的绘画作品。在这个过程中，学生需要深入理解量子物理和生物学的知识，并将这些知识以一种独特的艺术形式呈现出来。

通过与 AI 的互动创作，学生不仅提高了艺术创作能力，还培养了跨学科的创新思维。

在科技创新领域，AI 也为学生提供了丰富的创意启发。例如，在设计一款智能环保产品时，学生可以借助 AI 技术，分析市场上现有的环保产品和技术，了解用户的需求和痛点。然后，AI 可以根据这些分析结果，生成一些创新的设计思路和解决方案，如利用太阳能、风能等可再生能源的新型环保设备，或者基于物联网技术的智能垃圾分类系统等。学生可以在这些 AI 生成的创意基础上，进一步发挥自己的想象力和创造力，结合工程学、材料科学等多学科知识，将创意转化为实际的产品设计。

这种跨学科的创新实践，让学生在解决实际问题的过程中，培养了创新意识和创新能力，学会从不同学科的融合中寻找创新的灵感和突破点。

6.2.2　AI 跨学科实践的典型案例与未来展望

如今，无论是教育领域还是科研领域，利用 AI 进行跨学科学习与研究的例子都数不胜数。

教育领域的跨学科实践

在教育领域，越来越多的学校开始利用 AI 开展跨学科课程，为学生提供更加丰富、多元的学习体验，培养他们的跨学科思维和综合能力。

以上海市黄浦区海华小学的"'数'说中华"之"四大古桥"跨学科主题学习课为例，这堂课将美术与历史、数学等学科知识有机融合。课程源自小学五年级第二学期《美术》教材里的《跨越时代的桥》，通过 AI 技术，学生们不仅能够领略到我国从古至今桥梁建筑的艺术魅力，还能深入了解桥梁背后的历史文化和建造技术。

在课堂上，美术老师引导学生们使用 AI 工具，通过输入不同的描述词，生成关于"四大古桥"的逼真图像和视频。学生们在这个过程中，不仅锻炼了美术创作能力，还学习了如何运用数学中的逻辑思维和语言表达能力，精确地描述出古桥的形态、场景和氛围。

例如，在描绘赵州桥时，学生们需要运用历史知识，想象赵州桥在古代的繁华景象，并用准确的语言描述出来，如"秋天的赵州桥上，商贾云集，桥面上人来人往"。然后，通过调整描述词，观察 AI 生成的不同画面，学生们可以直观地感受到语言描述与图像生成之间的关系，这涉及数学中的算法思维和逻辑推理。

最终，每个学生都在 iPad 上用 AI 技术创作出了自己心目中的"四大古桥"，这些作品不仅展现了学生们独特的艺术视角和创造力，更体现了他们对多学科知识的综合运用能力。在这个跨学科课程中，AI 成为连接不同学科知识的桥梁，让学生们在一个生动有趣的学习环境中，打破学科界限，培养了跨学科思维和综合素养。

科研领域的跨学科突破

在科研领域，AI 也正发挥着越来越重要的作用，帮助科研人员整合不同学科的理论和方法，实现多领域的突破。中国科学技术大学李微雪课题组在催化领域的突破性研究成果，充分展示了 AI 在科研创新中的巨大潜力。

催化研究中的一个重大科学挑战是调控"金属—载体相互作用"来提高催化性能，但传统的实验研究方法难以洞察这一复杂问题的本质并定量预测相关现象。李微雪课题组利用 AI 技术，成功解决了这一困扰科学界近 40 年的难题。他们汇总了多篇文献中的大量实验数据，通过可解释性 AI 算法，从材料的基本性质出发，经过迭代式的数学操作构建了多达 300 亿个表达式。然后，利用压缩感知算法，结合领域知识和理论推导，为"金属—载体相互作用"建立了物理清晰、数值准确的控制方程。

这个方程突破性地包含了"金属—金属相互作用"这一关键新变量，揭示了该变量对载体效应的调控作用，首次完整揭示了"金属—载体相互作用"的本质。该理论不仅有效地迁移到了其他催化体系中，展示了极高的普适性，还成功地解决了氧化物载体在高温还原条件下包覆金属催化剂的难题。研究团队提出的"强金属—金属作用原理性判据",预测了包覆现象的发生条件,为高效负载型催化剂的理性设计提供了极具价值的指导。

在这个案例中,AI 技术的应用使科研人员能够跨越化学、材料科学、数学等多个学科领域,整合不同学科的知识和方法,从海量的数据中挖掘出隐藏的科学规律,取得了具有重大意义的科研成果。这表明,AI 在科研创新中能够打破学科壁垒,促进学科之间的深度融合,为解决复杂的科学问题提供了新的思路和方法。

AI 时代的教育与社会协同

AI 作为新时代的强大工具,为我们拓展知识、打破学科边界提供了前所未有的机遇。它不仅能够帮助我们更高效地获取和整合知识,还能激发我们的创新思维,培养跨学科的综合能力。在教育领域,AI 的应用正逐渐改变着传统的教学模式和学习方式,为学生的全面发展注入了新的活力。

对于学生而言,积极拥抱 AI,学会利用 AI 工具进行学习,将是未来在知识海洋中畅游的必备技能。通过 AI,他们可以跨越学科的界限,探索更广阔的知识领域,培养创新思维和解决问题的能力,为未来的职业发展和个人成长打下坚实的基础。

对于教育工作者来说,充分认识到 AI 在教育中的价值,将 AI 技术融入教学实践中,设计出更具创新性和挑战性的跨学科课程,引导学生正确使用 AI 工具,是培养适应未来社会需求的创新型人才的关键。

同时，社会各界也应共同努力，为 AI 在教育领域的应用和发展创造良好的环境。政府可以加大对 AI 教育的支持力度，制定相关政策和标准，推动 AI 教育的普及和发展；企业可以发挥自身的技术优势，开发更多适合教育场景的 AI 产品和服务，为教育提供技术支持；家长也应关注 AI 技术的发展，鼓励孩子积极探索和学习 AI 知识，引导他们正确使用 AI 工具。

在这个充满机遇和挑战的 AI 时代，让我们积极行动起来，充分发挥 AI 的优势，拓展知识边界，培养跨学科思维，为学生的未来发展开辟更加广阔的道路，共同迎接更加美好的未来。

AI 挑战任务

AI 助力跨学科主题探究

同学们，本次 AI 学习挑战聚焦"跨学科学习"，通过 AI 工具实现不同学科知识的融合与联动，帮助大家在真实情境中提升综合应用能力！请选择两个关联性较强的学科（如生物与化学、历史与地理、数学与物理等），围绕一个具体的跨学科主题（如"气候变化对生态系统的影响"），借助 AI 工具展开探究，分析不同学科知识如何交叉应用，并完成一份跨学科学习报告。

小贴士： 在跨学科学习的探索之旅中，我们首先需要明确跨学科主题。例如，可以选择"地理 + 生物"作为学科组合，然后锁定具体主题，如"热带雨林保护"。在向 AI 提问时，可以这样表述："请分析'热带雨林保护'涉及哪些地理知识点（气候、地形）和生物知识点（物种多样性、生态链）。"借助 AI，我们可以拆解知识关联，让 AI 列出不同学科的核心概念，并说明它们如何交叉。进一步地，我们还可以让 AI 生成"学科联动"任务，例如："结合历史学科的'工业革命'和化学学科的'化石燃料燃烧'，分析人类活动对大气成分的影响，并利用数学图表呈现数据变化。"最后，完成学习报告，用表格对比不同学科的知识点，用思维导图梳理关联，总结跨学科学习的收获。通过这次挑战，我们能够学会用 AI 打破学科壁垒，发现知识之间的"隐藏联系"，真正实现学以致用、融会贯通。

第三篇

如何用 AI 提升各学科成绩?

第 7 章

AI 在语文学习中的应用

2025 年 3 月 5 日，教育部部长怀进鹏在两会"部长通道"宣布，我国将正式发布《人工智能教育白皮书》，这标志着中国教育正式迈入 AI 深度赋能的新时代。

在传统语文课堂中，孩子常陷入"理解不透文章深意""写作缺乏新意"的困境。而 AI 技术正通过自然语言处理、机器学习等前沿科技，为语文学习带来颠覆性变革。AI 不仅能精准拆解文本结构，还能模拟特级教师的批改逻辑，更可提供海量创作灵感库，真正实现"千人千面"的个性化学习。

7.1 阅读理解篇——AI 助力文本分析

在语文学习过程中，阅读占据着重要地位，孩子需要进行大量阅读。然而，当面对一些篇幅较长、内容较难的文章时，理解起来往往颇具难度。此时，AI 便能发挥关键作用，帮助分析文章结构，从而为答题提供有效指导。

以经典课文《背影》为例，AI 不仅能精准拆解朱自清笔下"蹒跚""攀""爬"的动作细节，让学生深切感受到父亲对儿子那深沉而内敛的爱；还能剖析"朱红""青布"的色彩意象，挖掘其背后蕴含的情感内涵。

对于《故乡》，AI可以构建少年闰土与中年闰土的对比思维导图，用可视化的色块清晰标注封建礼教对人性的摧残轨迹，仿佛有一位无形的特级教师在书页边缘做满批注，帮助孩子深入理解文章的主题和社会意义。

接下来，我们以语文课本中的说明文《赵州桥》为例，浅析AI分析文章结构的步骤和方法。

AI解析阅读材料结构，通常遵循以下步骤：

首先，明确文章的说明对象及核心信息。通过阅读总起段，AI能够精准提炼出说明对象及其相关的关键信息，这有助于学生迅速把握文章的主旨和核心内容。

如《赵州桥》，AI会从开篇提取出"赵州桥"这一说明对象，并梳理出其历史悠久、坚固美观等关键特征，让学生对文章有一个整体的认知。

其次，梳理主体部分的说明层次。AI会深入分析主体部分的段落结构，确定其采用的说明顺序，比如是空间顺序、时间顺序还是逻辑顺序，并梳理出每个层次的说明重点、方法及作用。

在《赵州桥》中，AI会发现作者采用了先总述赵州桥的特点，再分别从结构坚固和形式美观两个方面进行分述的逻辑顺序，使学生清晰理解文章的逻辑框架和作者的行文思路。

而后，分析总结段的作用。AI通过阅读文章的总结段，分析其与开头及主体部分的呼应关系，以及在升华主题、强化价值等方面的作用，帮助学生把握文章的整体结构和写作意图。

接着，提炼结构特色。AI 会综合分析文章整体的框架结构、说明方法的运用、语言特点及文化元素的渗透等方面，提炼出文章结构特色，让学生更深入地理解文章的写作技巧和艺术价值。

例如，《赵州桥》中运用了列数字、打比方等说明方法，使文章内容更加具体、生动，AI 会引导学生关注这些方法，提升学生对说明文写作手法的理解。

最后，总结教学启示。AI 会结合文章结构特色，思考在教学中如何引导学生掌握文章所含的要点，以及如何提升学生的阅读理解能力，将阅读分析转化为教学实践，提高学生的语文素养和阅读能力。

针对段落要点总结，AI 主要依靠文本摘要技术。它会基于句子中包含的关键词、与段落主题的相关性等因素，对段落中的句子进行分析，评估每个句子的重要性。

《赵州桥》中描写桥美观的段落——"这座桥不但坚固，而且美观。桥面两侧有石栏，栏板上雕刻着精美的图案：有的刻着两条相互缠绕的龙，嘴里吐出美丽的水花；有的刻着两条飞龙，前爪相互抵着，各自回首遥望；还有的刻着双龙戏珠。"

AI 能够快速抓住"石栏""雕刻""精美的图案"等关键词，并进行适当的整合和精简，去除冗余的信息，生成简洁明了的段落要点，同时深挖好词好句和文化寓意。

这样一来，学生在阅读时，可以快速了解段落的核心内容及文字背后的深意，不必逐字逐句地去理解，大幅提升了阅读效率。

分析《赵州桥》文章结构

《赵州桥》是一篇介绍中国著名古代石拱桥——赵州桥的说明文，通常出现在小学或初中语文教材中。文章结构清晰，逻辑严谨，主要分为以下几个部分：

1. 开头（引言）—— 总体介绍赵州桥

- **内容**：简要介绍赵州桥的历史地位、建造年代和建造者。
- **作用**：引出说明对象，激发读者兴趣。
- **典型语句**：
  - "赵州桥是世界闻名的石拱桥，建于隋朝，由著名工匠李春设计并主持建造。"
  - "它距今已有1400多年的历史，但仍然坚固美观。"

2. 主体部分 —— 具体说明赵州桥的特点

- **(1) 结构特点**
  - 介绍赵州桥的独特设计（如单孔大拱、拱上加拱等）。
  - 说明其科学性和坚固性。
  - **典型语句**：
    - "赵州桥长50多米，宽9米多，只有一个大拱，跨度达37米。"
    - "大拱的两肩上各有两个小拱，既减轻了桥身重量，又增加了泄洪能力。"
- **(2) 建筑工艺**
  - 描述建造技术的精湛（如石料拼接、无桥墩设计等）。
  - **典型语句**：
    - "桥面平坦，全部用石头砌成，石块之间严丝合缝，没有任何黏合材料。"
- **(3) 历史价值与艺术价值**
  - 强调赵州桥的历史意义和美观性。
  - **典型语句**：
    - "赵州桥不仅坚固实用，而且造型优美，桥上的雕刻栩栩如生。"
    - "它是中国古代劳动人民智慧的结晶，在世界桥梁史上占有重要地位。"

图 7-1　DeepSeek 分析文章结构

7.2　写作提升篇——从"词穷"到"文思泉涌"

一些孩子在面对写作任务时，虽然知道主题，却常常对具体要写什么感到迷茫。此时，将写作材料或命题主题输入 AI 平台，它可以通过分析数据库中大量的同类优秀作品，为孩子提供多样化的写作思路。

比如，当孩子要写一篇关于"友谊"的作文时，AI 能够提供多个写作切入点，如描写与朋友的初次相遇、共同经历的难忘事件、友谊对自己的影响等不同角度，从而启发孩子结合自己的生活经历展开思考。

然而，仅仅明确基础的表达还不够，作文中细腻的描写还需要进一步的学习与优化。把现有的已完成的作文习作交给 AI 分析，AI 能够检测到习作中表达不够准确、流畅或生动的地方，将平淡的词语替换为更富有表现力的词语，调整句子结构使句子更加通顺自然，增加修辞手法使文章更具感染力。

假设孩子写了一篇题为《我的家乡》的作文："我的家乡在一个小山村，那里有很多山和树。村子里有一条小河，河水很清。我很喜欢我的家乡。"

文心一言认为这篇作文整体语句通顺，表意明确，但存在内容较为简略、描写不够生动具体的问题。可以从丰富细节、运用修辞手法、增加情感表达等方面进行改进，让作文更加出彩。

文心一言批改后的作文如下：

> 文心 4.5 ∨
>
> **改进后的作文**
>
> # 我的家乡
>
> 我的家乡，坐落在一个宁静而美丽的小山村里。那里，青山连绵起伏，像一条条沉睡的巨龙，守护着这片土地；绿树郁郁葱葱，宛如一把把巨大的绿伞，为大地撑起一片清凉。
>
> 走进村子，首先映入眼帘的是一条清澈见底的小河。河水宛如一条碧绿的丝带，蜿蜒穿过村庄。阳光洒在水面上，波光粼粼，像是洒下了无数的碎金。河底的沙石粒粒分明，鱼儿在水中自由自在地游弋，时而跃出水面，溅起一朵朵小小的水花。
>
> 春天，山上百花盛开，红的像火，粉的像霞，白的像雪，五彩斑斓的花朵把山峦装点得如诗如画。我和小伙伴们在花丛中追逐嬉戏，笑声回荡在整个山谷。夏天，绿树成荫，我们会在河边的大树下乘凉，听老人们讲古老的故事。秋天，是丰收的季节，山上的野果成熟了，红彤彤的山楂、紫莹莹的葡萄，让人垂涎欲滴。我们会提着篮子，去山上采摘野果，分享着收获的喜悦。冬天，雪花纷飞，整个村子变成了一个银装素裹的世界。我们在雪地里堆雪人、打雪仗，欢声笑语在寒冷的空气中久久回荡。
>
> 我深深地爱着我的家乡，爱它的青山绿水，爱它的四季美景，更爱那里淳朴善良的乡亲们。无论我走到哪里，家乡永远是我心中最温暖的港湾。

图 7-2 文心一言修改后的习作

原稿中"有很多山和树"的平铺直叙，被转化为"青山连绵起伏，像一条条沉睡的巨龙，守护着这片土地；绿树郁郁葱葱，宛如一把把巨大的绿伞，为大地撑起一片清凉"的复合意象。先从宏观视角勾勒山峦的大致轮廓，再用中景描写树木的作用，最后特写叶片的光影细节，由远到近，画面层次感一下就出来了。

描写小河时，也不局限于单一视觉，改成"波光粼粼，像是洒下了无数的碎金"，融合视觉与触觉；鱼儿跃水溅花，又加入动态听觉元素。

AI 技术与文学的结合，正重新定义作文教学的边界。

AI 挑战任务

用 AI 修改习作

同学们，现在请你们用 AI 修改一篇自己的作文，对比原文与 AI 版，从语言表达、结构逻辑、细节描写等角度分析修改是否合理。请你们思考 AI 的优化建议是否合适，并保留自己认为好的部分。

小贴士： 在进行这项实践任务时，同学们可以选择自己最近写的一篇作文，记叙文、议论文或者散文都可以。将作文输入 AI 写作辅助工具中，等待 AI 给出修改后的版本。然后仔细对比两个版本，在语言表达方面，看看 AI 是否使用了更丰富、更准确的词汇，句子是否更加通顺流畅；结构逻辑上，检查 AI 修改后的文章是否层次更加分明，段落之间的衔接是否更加自然；细节描写上，观察 AI 有没有增加一些具体的描写，让文章的画面感更强。通过这样的对比分析，同学们能够更好地学习写作技巧，提高自己的写作水平。

第 8 章

AI 在数学学习中的应用

8.1 解题技巧篇——AI 纠错改正，提高学习效率

在解题能力培养方面，AI 展现出了传统教学难以企及的优势。以表 8-1 所示的错题分析为例，当学生在解方程过程中因忽略"括号前是负号需变号"的规则而犯错时，AI 系统（如豆包、Kimi 等）会进行多维度诊断："对于解方程的题目，去括号时要特别注意括号前的符号，严格按照去括号法则进行运算。移项时要记得变号，并且在每一步计算完成后，要仔细检查是否有计算错误。可以采用代入检验的方法，将求得的解代入原方程，看等式两边是否相等，以确保答案的正确性。"

表 8-1 初中数学一元一次方程错解与正解

错解	正解
解方程：$3(x-2)+1=x-(2x-1)$ 错解： 去括号得：$3x-6+1=x-2x-1$ 移项得：$3x-x+2x=-1+6-1$ 合并同类项得：$4x=4$ 系数化为 1 得：$x=1$	解方程：$3(x-2)+1=x-(2x-1)$ 正解： 去括号得：$3x-6+1=x-2x+1$ 移项得：$3x-x+2x=1+6-1$ 合并同类项得：$4x=6$ 系数化为 1 得：$x=3/2$

AI 首先解析题目涉及的知识点网络，定位到去括号法则"括号

前是负号,去掉括号后,括号内各项要变号"这一核心概念;然后通过比对标准解题路径,精确指出学生在"符号处理"环节的疏漏;最后给出专业建议,包括分步检查法和代入验证法等实用技巧。

这种分析不仅停留在纠错层面,更能帮助学生建立系统性的解题思维。

除错题之外,面对一些更具挑战性的题目,AI 会通过详细的分析,帮助孩子树立正确的解题思维,让孩子明白应该如何从题目中提取有效信息,如何建立正确的逻辑关系来解决问题。

以一道几何证明题为例——证明"三角形内角和为 180°"这一命题。AI 会先介绍平行线的性质、平角的定义等相关定理和概念。然后分析题目中给出的三角形,引导孩子通过作辅助线构造平行线,将三角形的三个内角转化为一个平角,从而证明结论。AI 会先介绍题目涉及的几何定理和概念,然后分析题目中的已知条件和需要证明的结论。接着,它会详细阐述证明的思路,从如何选择合适的定理开始,逐步推导每一个步骤的依据。

在讲解过程中,AI 会不断提问,如"为什么要作这条辅助线""根据什么定理可以得到这两个角相等"。

这种训练不仅解决具体问题,更重要的是让孩子在思考中掌握证明的方法和逻辑,培养其数学思维能力,使其掌握"如何思考"而非仅仅"如何解答"的深层技能。

8.2 知识巩固篇——从"同一习题"到"个性安排"

除了纠正错题、分析解题思路之外，AI 还能构建完整的学习优化闭环。根据孩子的学习情况，提供更具针对性的练习和学习计划，从而让孩子更有效地巩固知识点。

基于对日常作业和测试数据的深度分析，AI 会记录孩子对各个知识点的学习情况，包括答题的正确率、答题时间等多维度数据，从而实现对孩子数学知识体系的全面评估，了解孩子在各个章节和知识点上的掌握情况。

完成初步的了解之后，AI 能够制订出个性化的数学学习计划。学习计划详细到每天的学习内容、学习时间分配、练习题目数量和难度等。例如，如果孩子的目标是在一个月内提高数学成绩，AI 会根据孩子目前的水平，合理安排每天学习新知识点的时间和复习巩固的时间，在学习内容上，优先安排孩子薄弱知识点的学习和练习，同时兼顾其他重要知识点的复习。

不仅如此，AI 还会根据孩子在学习过程中的表现和掌握程度实时调整训练题。如果孩子在某个知识点上表现较好，正确率较高，AI 会提供更具挑战性的题目，帮助孩子进一步深化对该知识点的理解和应用；相反，如果孩子在某个知识点上存在薄弱环节，答题错误较多，AI 会提供更多基础的、针对性的练习题目，帮助孩子巩固基础知识，逐步提高对该知识点的掌握程度。

例如，AI系统发现某学生在代数运算方面表现优异，但在几何证明上存在困难。基于此，AI会生成动态调整的学习方案：在保持代数优势的同时，针对性地加强几何训练。

这种个性化方案具体体现在三个层面：内容选择上侧重薄弱环节，难度设置上遵循渐进原则，进度安排上符合记忆曲线。

总体而言，AI在数学学习中的应用正在从辅助工具向智能导师转变。它不仅能提供即时反馈和个性化指导，更能培养学生自主学习的能力。随着技术的进一步发展，AI有望实现更自然的人机互动、更精准的学习诊断，以及更科学的成长规划，最终让每个学生都能获得量身定制的最佳数学学习体验。这种变革不仅提升了学习效率，更重塑着教育的本质——从知识传授转向能力培养，从统一教学转向因材施教。

AI 挑战任务

用 AI 辅助错题整理

同学们，请使用 AI 根据你的错题生成一套同类练习题，先尝试自主解析错误原因，再对比 AI 提供的解题思路，分析差异。最终总结改进策略，形成自己的解题模板。

小贴士： 在执行这项实践任务时，同学们要先将自己近期数学作业或测试中的错题整理出来，输入 AI 错题整理工具中。AI 会根据这些错题的知识点和题型，生成一套相似的练习题。在做这些练习题之前，同学们要先自己思考之前错题的原因，是知识点没掌握，还是解题方法不对，抑或是粗心大意？然后开始做练习题，做完后对照 AI 提供的解题思路，看看与自己的想法有哪些不同。如果 AI 的解题思路更简洁、更巧妙，就学习借鉴；如果自己的思路有可取之处，也可以保留。最后，将自己从错题中总结的经验和 AI 提供的方法结合起来，形成一套适合自己的解题模板。以后遇到类似的题目，就可以按照这个模板来思考和解答，提高解题的准确性和速度。

第 9 章

AI 在英语学习中的应用

人工智能技术正在为英语学习带来革命性的变革，通过智能化的听说训练、阅读写作辅助等功能，为学习者打造沉浸式的语言学习环境。AI 不仅能够提供即时反馈和个性化指导，更能模拟真实语境，帮助学习者突破传统学习模式的局限，实现语言能力的全面提升。

9.1 听说训练篇——人机交互灵活沟通

在听说训练方面，AI 系统凭借场景模拟和智能评测两大核心功能，为学习者打造了一个沉浸式、精准化的口语能力提升平台，其作用在语言学习领域日益凸显。

AI 构建起了一个几乎涵盖生活所有领域的虚拟对话世界。除了常见的购物、问路、餐厅点餐等基础场景，还能模拟学术讨论、商务谈判、旅行应急等复杂场景。

以学术讨论场景为例，当孩子围绕"Is technology making people less creative"这一辩题与 AI 展开对话时，AI 不仅会给出逻辑严密的观点，如"While technology provides tools for creation, over-reliance might limit the exploration of traditional creative methods"，还会引用实际案例，像"the impact of auto-correct features on writing creativity",引导孩子从多个角度进行思辨性讨论。

在商务谈判场景中,AI 会模拟不同角色,如供应商、客户,以地道的商务英语和专业的谈判策略与孩子互动。当孩子扮演"采购方"提出"Could you offer a discount for bulk orders"时,AI 作为"供应商"可能会回应"We can provide a 5% discount if your order quantity exceeds 1000 units, but we need a firm delivery date commitment"。

通过这种高度还原真实情境的对话,孩子能够积累丰富的商务英语表达和谈判技巧,大大提升在特定场景下的实际交流能力。

这种场景模拟还具备高度的灵活性和适应性。AI 会根据孩子的语言水平和对话表现,动态调整对话的难度和内容。对于英语基础较弱的孩子,AI 会使用简单的词汇和句式,放慢对话节奏;而对于能力较强的孩子,则会引入更高级的词汇、复杂的语法结构,甚至探讨一些具有争议性的话题,激发孩子挑战自我。

同时,AI 还能识别孩子在对话中表现出的兴趣点,如孩子在旅行场景对话中多次提到美食,AI 会自动拓展出"local cuisine exploration(当地美食探索)"的子场景,让对话更贴合孩子的兴趣,进一步提升学习的积极性和主动性。

完成模拟对话后,AI 的智能语音评测功能将口语能力的评估推向了新的高度。在发音准确性评测方面,AI 采用先进的语音识别和对比技术,不仅能检测常见的元音、辅音发音错误,还能识别一些细微的发音差异。

例如,对于"th"音,很多学习者容易发成"s"或"z"音,AI 能够精准识别,并通过播放标准发音音频、展示发音口形动画,让孩子直观地了解正确的发音方式。

对于一些容易混淆的发音,如"ship"和"sheep",AI 会进行对比分析,指出二者在元音发音上的区别,并提供大量类似单词的辨音练习。

在流利度评估上,AI 除了关注停顿和语速,还会分析孩子语言表达的连贯性。如果孩子在表达过程中频繁使用填充词,如"um""ah",AI 会给出具体的建议,如鼓励孩子在思考时用连接词过渡,像"well""actually",使表达更加流畅自然。

此外,AI 还能检测到句子之间的逻辑衔接问题,当孩子在阐述观点时出现逻辑跳跃,AI 会引导孩子使用"firstly, secondly, finally""moreover""however"等连接词,增强表达的逻辑性。

语调与韵律的测评是 AI 智能评测的一大亮点。AI 通过分析大量的英语母语者语料库,建立起精准的语调韵律模型。当孩子说"You really want to go"时,如果语调错误,未能正确表达出疑惑或惊讶,AI 会播放不同语调下该句子的音频,让孩子感受其中的差异,并解释不同语调所传达的不同含义。

在重音评测方面,AI 会结合句子的语义和语境,指出每个句子中应该重读的单词。例如,在句子"I didn't say he stole the money"中,通过改变不同单词的重音,句子的语义会发生明显变化,AI 会详细讲解这种重音变化的规律和作用,帮助孩子掌握重音在语言表达中的关键作用。

根据全面、细致的评测结果，AI 为孩子量身定制的个性化口语练习计划极具针对性和科学性。如果孩子在"r"的发音上存在问题，AI 不仅会提供"run""read""write"等包含该音素的单词，还会生成如"The rabbit runs rapidly in the rain"这类包含多个"r"音素且生动有趣的句子，让孩子在练习发音的同时，也能记住实用的表达。

此外，AI 还会推荐相关的情景对话练习，比如模拟在动物园向工作人员询问兔子饲养情况的对话，让孩子在实际交流中巩固发音练习。对于在商务英语场景中表现较弱的孩子，AI 会制订分阶段的学习计划，先从基础的商务问候、自我介绍开始练习，再逐步过渡到商务谈判、合同讨论等复杂环节。每个阶段都设置明确的学习目标和评估标准，当孩子完成一个阶段的学习后，AI 会进行再次评测，根据新的评测结果调整后续的练习计划，真正实现"评估—训练—提高"的良性循环，确保孩子的口语能力在系统、科学的训练中稳步提升。

9.2 阅读与写作篇——引导分析促提高

AI 展现出强大的文本分析能力，能够辅助孩子提升英语阅读理解与写作能力，为学习者提供全方位的智能支持。通过深度文本分析和智能写作指导，AI 系统正在改变传统的英语学习方式，使阅读理解和写作训练变得更加高效、精准。

孩子需要分析英语文章时，AI 可以帮助其提升阅读理解能力。AI 进行英语文章分析时，会先对文章进行词汇和语法分析，解释文章中出现的生词、短语和复杂的语法结构。然后，分析文章的主旨大意、段落结构和逻辑关系。

以"My Favorite Season"这篇英语阅读理解文章为例：

There are four seasons in a year: spring, summer, autumn and winter. Each season has its own unique charm. But my favorite season is autumn.

In autumn, the weather becomes cooler. The leaves on the trees change their colors. They turn from green to yellow, orange, and even red. It's like a beautiful painting. The fields are full of golden wheat, and the farmers are busy harvesting. It's a season of harvest and joy.

However, autumn is not just about the beautiful scenery and harvest. It's also a time for us to enjoy outdoor activities. We can go for a picnic in the park, fly a kite on the grassland, or take a walk in the forest. The air is fresh and the sky is clear. It makes us feel relaxed and happy.

Therefore, I love autumn. It brings me so much pleasure and unforgettable memories.

AI对这篇文章的分析如下：

1. 词汇和语法分析

生词："unique"（独特的）、"charm"（魅力）、"harvesting"（收割，harvest 的现在分词形式）。

短语："be full of"（充满）、"go for a picnic"（去野餐）、"fly a kite"（放风筝）。

复杂语法结构："There are four seasons in a year: spring, summer,

autumn and winter."这是 there be 句型，表示"某地有某物"；"It's like a beautiful painting"中"like"是介词，意为"像……一样"。

2. 主旨大意、段落结构和逻辑关系分析

主题句："But my favorite season is autumn."这句话表明了文章的核心内容是作者最喜欢的季节是秋天。

段落结构：文章第一段引出一年有四季并点明最喜欢的季节是秋天；第二段描述了秋天的天气变化、树叶颜色变化以及秋天是收获的季节；第三段指出秋天不仅有美景和收获，还是进行户外活动的好时候；最后一段总结作者爱秋天以及秋天带来的快乐和难忘回忆。

逻辑关系："However"这个连接词出现在第三段开头，起到了转折的作用，从前面描述秋天的景色和收获，转到了秋天可以进行的户外活动；"Therefore"在最后一段开头，对前文进行总结，得出作者爱秋天的结论。

3. 引导深入思考的问题

推理题：从文章中可以推断出作者为什么喜欢秋天，除了文中提到的景色、收获和户外活动外，还有可能是什么原因？（答案可能是秋天的气候适宜，让人感觉舒适等，需根据文章合理推理）

细节题：文章中提到秋天树叶会变成哪些颜色？（答案：They turn from green to yellow, orange, and even red.）

我们可以看到，AI 会为孩子标注好生词、短语以及一些复杂的语法结构，帮助孩子更好地理解文章大意，同时积累语料。进入篇章理解阶段，AI 的分析则更加深入。系统会通过算法识别文章的主题句和关键论点，绘制出清晰的思维导图。对于这篇文章，AI 会突出"my favorite season is autumn"这一核心观点，并分析后续段落如何通过景色描写、活动描述等细节来支撑这个观点。同时，AI 还会分析段落之间的连接词，如"however""therefore"等，让孩子明白段落之间的逻辑关系。此外，AI 还会提供一些问题，如推理题、细节题等，引导孩子对文章进行深入思考，帮助孩子提高阅读理解能力。

在写作辅助方面，AI 的功能也很强大。当学习者完成一篇作文后，系统会进行全方位的诊断：

基础层面检查语法错误，如时态一致性问题，如主谓不一致、时态错误、名词单复数错误等，并给出正确的修改建议。

中级层面优化词汇选择，建议将普通词汇升级为更地道的表达。例如，在合适语境下将"good"替换为"excellent""wonderful"等。

高级层面则关注篇章结构，分析论点是否充分、论证是否严密。在句子结构方面，AI 会建议孩子使用更丰富多样的句式，如定语从句、状语从句等，使文章更加生动和有层次感。

通过 AI 的优化，孩子可以不断提高英语作文的质量，减少语法和词汇错误，提升语言表达水平，AI 为英语学习开辟了新的可能性。

AI 挑战任务

用 AI 推动口语提升

同学们，现在借助 AI，开启一场口语提升的学习之旅吧！使用 AI 口语评分工具，与 AI 在线机器人进行对话，或者朗读一段英文对话或短文，获取 AI 的发音、流利度及语法评分。思考一下，AI 的评分标准是否合理？改进后的表达是否更自然？哪些错误是 AI 未发现但自己需要注意的？

小贴士： 我们记录初次得分与问题反馈（如连读不自然、重音错误等）后，进入针对性练习阶段。如果是发音问题，比如某个音标发音不准确，你可以在网上搜索该音标的发音教程，跟着专业老师的示范反复练习口形和发音动作，也可以在 AI 工具中找到包含该音标的单词和句子，进行大量模仿朗读。针对流利度问题，你可以通过限时朗读练习来提高语速的稳定性，并且多进行一些无准备的口语表达练习，锻炼思维的敏捷性。要是语法存在错误，那就需要系统复习相关语法知识，通过做练习题来强化记忆。完成针对性练习后请你再次进行测试，对比两次评分变化。通过这样的实践过程，同学们能够逐渐培养自主纠音与表达优化的能力，不断提升英语口语水平。

第 10 章

AI 在历史、地理、生物学习中的应用

除了语文、数学、英语三门主要课程可以借助 AI 辅助学习，AI 在历史、地理、生物等学科中的强大分析能力也正等着你去发现呢！它为这些学科的学习带来了全新的视角和方法，帮助学生更深入、更高效地探索知识。

10.1 历史篇——轻松实现横向对比和纵向梳理

历史学习从来不是孤立事件的简单堆砌，而是一张因果相互交织的复杂网络。过去，学生学习历史往往依赖机械记忆，费力且效果不佳。但 AI 的出现改变了这一局面，AI 正以强大的分析与整合能力让学生从繁重的记忆负担中解脱出来，专注于历史逻辑的构建，真正理解历史发展的规律。以 DeepSeek、豆包、ChatGPT、Kimi 等 AI 工具为代表，它们通过数据挖掘、可视化呈现和智能对比，帮助学生突破传统学习瓶颈，真正把握历史发展的内在逻辑。

在总结历史事件时，AI 强大的数据收集和处理能力便发挥了作用。以"美国独立战争"为例，AI 会在海量的历史资料中筛选出与该事件相关的信息，涵盖事件的背景、起因、经过、结果和影响等各个方面。经过整理和归纳，提炼出关键要点：背景是英国对北美殖民地长期的经济剥削和严苛的政治压迫；起因是殖民地人民对英

国统治日益增长的不满情绪；经过中包含"莱克星顿的枪声"这一标志性开端，以及萨拉托加大捷等具有转折意义的重要战役；结果是美国成功摆脱英国殖民统治，获得独立；影响是不仅推动了美国自身资本主义的蓬勃发展，还对世界其他国家的独立运动起到了示范和鼓舞作用。

在构建历史时间线方面，AI 更是展现出独特的优势。以往，同学们只能被动地记忆课本上的时间和事件，缺乏对历史脉络的整体感知。现在，AI 以可视化的方式呈现事件间的因果链条，比如通过时间轴、思维导图等形式，让同学们清晰地看到历史发展的脉络。同时，AI 还会提供一些巧妙的时间线索和记忆技巧。例如，将美国独立战争中的重要事件与特定的时间节点联系起来，像 1775 年莱克星顿的枪声拉开独立战争的序幕，1776 年《独立宣言》发表宣告美国诞生，利用这些关键时间点和事件的紧密联系，帮助同学们更好地记住历史事件的先后顺序和发生时间。

除了纵向的探索，AI 的横向对比功能也为历史学习提高了深度。它可以快速将不同的历史事件放在一起进行对比分析，例如"法国大革命"和"美国独立战争"。从革命原因来看，两者都源于民众对旧统治的不满，但法国大革命主要是反对国内封建专制统治，而美国独立战争则是为了摆脱英国的殖民统治；在性质上，二者都属于资产阶级革命，反映了当时资产阶级追求政治权力和经济利益的诉求；领导阶级方面，法国大革命有资产阶级、自由派贵族等参与领导，美国独立战争主要由北方工业资产阶级和南方种植园主联合领导；

> 以表格的形式，生成一份美国独立战争历史时间轴

以下是**美国独立战争历史时间轴（1775–1783）**的表格形式，按时间顺序排列关键事件：

年份	事件	主要内容
1763年	《巴黎条约》签署	七年战争结束，英国获得法国在北美的大部分殖民地，但财政危机加剧税。
1765年	《印花税法》颁布	英国首次直接向殖民地征税，引发"无代表不纳税"抗议，最终被迫废除
1770年	波士顿惨案	英军与殖民地民众冲突，导致5名平民死亡，反英情绪高涨。
1773年	波士顿倾茶事件	殖民地激进分子将英国茶叶倾倒入波士顿港，抗议《茶税法》，英国采
1774年	第一届大陆会议	13个殖民地代表在费城集会，决定联合抵制英货并组建民兵。
1775年4月	莱克星顿和康科德战役	英军试图收缴殖民地武器，与民兵交火，战争正式爆发。
1775年5月	第二届大陆会议	任命乔治·华盛顿为大陆军总司令，开始组织独立战争。
1775年6月	邦克山战役	民兵虽败但重创英军，展现殖民地战斗力。
1776年1月	潘恩《常识》出版	呼吁殖民地独立，极大推动革命思潮。
1776年7月	《独立宣言》通过	大陆会议正式宣布脱离英国，美利坚合众国成立。

图 10-1　DeepSeek 生成的美国独立战争历史时间轴

结果上，法国大革命推翻了封建王朝，建立了资产阶级政权，美国独立战争赢得了国家独立；影响上，都对本国及世界历史发展产生了深远影响，推动了资产阶级革命浪潮在全球的兴起。

　　通过这样细致的对比，同学们能够更深入地理解每个历史事件的独特性和本质，大大提高对历史知识的理解能力和分析能力。系统自动生成的对比矩阵，将复杂的信息以简洁直观的形式呈现，形成鲜明的对照，进一步加深了同学们对事件的印象和理解。

10.2　地理篇——用数字技术重塑空间感知

地理学习的核心在于理解人类与自然的共生关系，而这一过程往往因为地理知识的抽象性而充满挑战。从浩瀚宇宙中地球的独特位置，到地表复杂多变的地形地貌，从跨越不同区域的气候差异，到全球范围内人类活动与自然环境的相互作用，每个知识点都蕴含着丰富的信息，但也因缺乏直观的呈现方式，让许多学习者难以真正理解和掌握。

随着 AI 技术的飞速发展，尤其是 VR 和 AR 技术的成熟应用，地理学习迎来了革命性的变化，重塑了同学们对地理空间的感知。众多专业的 AI 软件工具，更是为地理学习注入了强大动力。

在传统的地理课堂上，同学们主要通过书本上的文字描述、静态图片以及教师的讲解学习地理知识。这种学习方式不仅枯燥乏味，而且难以形成深刻的印象。

例如，当学习山脉的形成时，同学们只能从文字中了解板块运动的原理，从图片上看到山脉的大致轮廓，却无法真切感受山脉形成过程中的巨大力量，以及山脉在现实中的雄伟壮观。而 AI 借助 VR 技术或 AR 技术，能够模拟各种逼真的地理场景，为同学们打开一扇通往真实地理世界的大门。

当同学们戴上 VR 设备并启动 AI 软件，仿佛拥有了穿越时空的能力，瞬间置身于世界各地的地理场景之中。

走进雄伟壮丽的喜马拉雅山脉，脚下是崎岖不平的山路，四周是高耸入云的山峰，眼前可以近距离观察山脉的褶皱，每一道褶皱都记录着地球板块运动的漫长历史；伸手触摸，仿佛能感受到岩石的坚硬与沧桑，耳边传来呼啸的山风，仿佛在诉说着这道山脉的古老故事。

来到恒河三角洲，复杂的水系分布不再是书本上简单的线条，而是真实呈现在眼前的纵横交错的河流，河水奔腾不息，泥沙不断沉积，塑造着这片肥沃的土地。

站在美国大平原上，一望无际的农田风光令人心旷神怡，金黄的麦浪随风起伏，现代化的农业机械在田间穿梭，让同学们直观地感受到农业生产的规模与高效。

这种沉浸式的体验，将原本抽象的地理概念转化为可触摸、可感知的现实，极大地增强了学习的趣味性和参与度。同学们不再是被动地接受知识，而是主动地去探索和发现，学习的积极性和主动性得到了充分调动。

除了沉浸式的视觉体验，AI 提供的互动式操作功能更是让地理学习变得丰富多彩。ArcGIS 软件便是其中的佼佼者，它不仅能构建高精度的三维地理模型，还具备强大的交互功能。

在模拟的城市场景中，同学们通过 ArcGIS 可以自由地切换视角，如同拥有了"上帝视角"。从高空俯瞰，城市的整体布局和功能分区一目了然，商业区的繁华、住宅区的宁静、工业区的有序，都清晰地展现在眼前；拉近镜头，深入街道，还能仔细查看不同区域的建筑风格，从古典的欧式建筑到现代的摩天大楼，从充满地域特色的民居到科技感十足的办公场所，每一处建筑都承载着独特的文化和历史。

同学们还可以利用 ArcGIS 的分析功能，关注交通状况，观察车辆的流动、交通信号灯的变化，通过软件内置的算法分析城市交通拥堵的原因，进而思考解决方案。

这种互动式的学习方式，让同学们不再局限于书本知识，而是能够从多个角度去观察和理解地理现象，培养了同学们的观察力、分析力和解决问题的能力。

从理性分析和微观层面来看，AI 强大的数据处理能力为地理学习提供了有力支持。在当今大数据时代，全球地理数据呈爆炸式增长，包括气候数据、人口数据、资源分布数据等，这些数据蕴含着丰富的信息，但也因数量庞大、种类繁多而难以处理。Google Earth Engine 是一款用于地理空间数据处理和分析的云平台，内置海量遥感影像和气候数据，支持多种图像处理算法。用户可结合机器学习方法，利用其强大的云计算能力，进行如土地分类、植被变化分析等智能分析和可视化操作。

以全球气候类型分布图为例，研究人员可以利用 Google Earth Engine 提供的遥感影像和气候数据，在平台上加载经过科学分类的全球气候类型图，并通过不同的颜色和图例清晰地呈现。例如，热带雨林气候区通常以鲜艳的绿色表示，代表终年高温多雨的湿润环境；沙漠气候区则用黄色和棕色表示，展现出干旱少雨的荒凉景象。通过这样的可视化处理，同学们只需看一眼，就能直观了解全球气候的分布格局，感受不同气候带的特点。

此外，Google Earth Engine 还能调用不同时期的气象数据，让用户观察某些区域气候条件的变化趋势，帮助大家理解气候变化可能带来的影响。

对于人口增长趋势、资源利用效率等地理问题，人工智能与地理信息系统可以联合发挥作用。比如，使用 QGIS 软件，教师或研究人员可以导入某个地区多年的人口统计数据和资源消耗数据，对其进行空间可视化和基础分析。通过设置图层、颜色分级等方式，学生可以清晰看到在人口快速增长的地区，资源消耗也可能同步上升，而资源的有限性又可能对人口发展形成反向影响。

此外，借助一些数据建模插件或将 QGIS 与 Python 脚本结合，还能进一步探讨数据之间的相关性或变化趋势。最终，QGIS 可以生成多种可视化图表和地图，直观呈现地理现象背后的深层逻辑，引导同学们思考人口、资源与环境之间的关系。这种基于真实数据的探究式学习方式，能够帮助同学们全面理解地球系统的运行机制，提升地理素养，让复杂的地理知识变得可视、可感、可操作。

此外，AI 还能根据同学们的学习情况，提供个性化的学习方案。Knewton 教育平台利用 AI 技术，通过分析学生在学习过程中的答题情况、学习行为和反馈数据，了解每位学生的知识掌握程度和学习特点，从而智能推荐适合他们的学习内容和练习题。对于基础相对薄弱的学生，Knewton 会提供更多基础知识的讲解和较简单的练习题，帮助他们夯实基础；而对于掌握较好、进步较快的学生，平台则会推送一些更具挑战性的内容和拓展练习，以激发其学习潜能。这种自适应的个性化学习方式，有助于满足不同学生的学习需求，提高学习效率，让每位学生都能在地理等学科的学习中持续取得进步。

未来，随着 AI 技术的不断发展和创新，地理学习的方式还将发生更大变革。也许在不久的将来，同学们可以通过更先进的 AI 工具与世界各地的地理专家进行实时交流，深入探讨地理问题；可以利用 AI 模拟未来的地理变化，预测气候变化、海平面上升等问题对人类社会的影响，提前做好应对准备。数字技术正在以前所未有的方式重塑我们对地理空间的感知，为地理学习带来无限可能，让我们更加深入地了解地球，更好地处理人类与自然的关系，共同创造更加美好的未来。

10.3 生物篇——从微观世界到生命逻辑

生物学的独特之处在于它涵盖了微观世界的精密结构和宏观生态的系统思维，知识体系庞大且复杂。从显微镜下细胞内分子的微妙变化，到整个生态系统中生物与环境的相互依存，每个知识点都像是一座等待探索的宝库，但也让不少同学感到学习难度大。AI 在生物学习中的应用，为同学们理解这一学科提供了有力的帮助，助力学生从实验数据解析到知识点记忆，全方位提升学习效果。

在生物实验中，同学们常常会收集到各种数据，比如实验结果的测量数据、观察到的现象等，但如何从这些数据里挖掘出背后的原理，并不是一件容易的事。

就拿常见的"探究植物光合作用的条件"实验来说，在实验过程中，同学们需要记录不同光照条件下植物的氧气释放量，还得留意温度、二氧化碳浓度等因素的变化。以往，面对这些密密麻麻的数据，很多同学就算反复计算、对比，也很难快速理清其中的联系，更别提准确理解实验原理了。

现在有了 AI 的帮助，情况就大不一样了。通过智能数据分析工具，我们可以运用专业的统计方法，对实验数据进行高效处理。系统能够快速计算出不同光照强度下氧气释放量的平均值、标准差，还能自动绘制出清晰的折线图或柱状图。借助这些图表，光照强度与氧气释放量之间的关系一目了然：在一定范围内，光照越强，氧气释放量越多，说明光合作用越旺盛。

更进一步，AI 还能帮助学生详细分析实验中各个变量的作用，例如光照强度如何影响光合作用中光反应阶段的进行，二氧化碳浓度又如何参与暗反应，从而影响整体效率。就像有一位耐心的老师，一步步引导同学们理解实验背后的科学原理，让原本抽象的数据变得清晰易懂，复杂的实验机制也转化为易于掌握的知识。同学们不仅更深入地了解了实验过程，也提升了实验操作和数据分析的能力。

除了实验数据分析，生物学还包含大量细致精确的知识点，记忆这些内容是同学们面临的一大挑战。翻开生物课本，从细胞里各种细胞器的结构和功能，到遗传规律中复杂的基因组合，每一个知识点都需要牢牢记住。以前，不少同学只能靠死记硬背，不仅记起来费劲，还特别容易遗忘。

现在，AI 在这方面展现出了独特的优势。借助智能学习工具，生物知识可以被制作成精美的知识卡片，以图文并茂的形式呈现出来。在介绍细胞结构时，卡片上不仅可以展示细胞膜、细胞核、线粒体等各个部分的高清图片，还配有详细的文字说明，讲解每个结构的功能和特点。比如，线粒体被称为细胞的"能量工厂"，它通过呼吸作用为细胞提供能量。

对于一些难以理解的概念，比如细胞结构与功能，AI 还能生成生动形象的动画演示。在动画中，可以直观看到线粒体如何进行呼吸作用、产生能量 ATP；内质网又是如何参与蛋白质的合成和运输，仿佛一个繁忙的生产车间，把原材料加工成产品，并输送到细胞各处。这些动态展示让抽象的知识变得鲜活易懂，同学们看一遍就能留下深刻的印象。

此外，AI 还能根据每个同学的记忆规律，制订个性化的复习计划。一些智能学习系统会通过算法分析同学们对不同知识点的遗忘曲线。如果发现某同学对"减数分裂"这个知识点遗忘得较快，系统就会在恰当的时间提醒其进行复习。可能是在三天后推送一道相关的练习题，一周后再展示一次知识卡片，通过多次重复和强化，确保知识真正被掌握。

这样一来，同学们不再盲目反复背诵，而是按照科学的学习节奏进行巩固，复杂的生物知识点也能轻松记住，学习效率大大提高。

随着 AI 技术的不断发展，未来它在生物学习中的应用还会更加广泛。也许以后同学们在学习生物时，能通过 AI 模拟出各种生物实验场景，不用进实验室就能亲手操作复杂的实验；还能借助 AI 与生物专家进行实时交流，深入探讨那些深奥的生物学问题。AI 正在为生物学习带来新的可能，帮助同学们更好地探索生命科学的奥秘。

AI 挑战任务

用 AI 生成历史事件时间轴

为了更好地掌握历史知识，培养历史考证意识与信息辨伪能力，同学们可以利用 AI 完成一项有趣又富有挑战性的实践任务——使用 AI 软件生成某个历史事件的时间轴（如"工业革命"或"二战"），然后自主核对教材或权威资料，检查 AI 是否遗漏了关键节点（如重要战役、条约签署等）。

小贴士： 在运用 AI 完成挑战的过程中，我们可以思考：AI 的排序是否合理？是否存在文化偏见？以培养历史考证意识与信息辨伪能力。除此之外，在使用 AI 软件生成历史事件时间轴并进行核对的过程中，有许多实用的方法能帮助大家更好地完成任务。当你从教材或权威资料中找到 AI 遗漏的关键节点后，不要急于添加，先仔细研究这些节点在历史脉络中的位置和意义。比如在梳理"工业革命"时间轴时，发现 AI 遗漏了"工厂法的颁布"这一关键节点，你可以深入了解该法案颁布的背景、目的以及对工业革命产生的影响，这样能让你对时间轴的补充更加精准。

第四篇

AI 如何培养孩子的高阶思维？

第 11 章

AI 如何激发创造性思维？

创造性思维作为孩子未来发展的核心能力，关乎他们在各个领域的潜力与竞争力。许多教育机构已经将 AI 工具纳入课程体系，搭建多维度、立体化的创造力培养发展路径。

11.1 创造性学习的核心——想象力的拓展

创造性学习的核心在于突破常规，以独特视角思考并解决问题。在孩子成长过程中，创造力的培养至关重要，而 AI 恰似一把打开新世界的钥匙。当传统教育受限于物理条件时，AI 凭借其强大的生成能力，为孩子构建起无边界的创意实验室。

首先，AI 强大的图像、音频生成能力为孩子呈现丰富多彩、超乎想象的视觉和听觉内容。

传统的儿童教育通常通过绘本、动画、游戏等方式为孩子提供视觉内容，但这些内容往往是预设的，孩子的想象力常常受到外界的制约。而随着 AI 绘画软件的普及，孩子可以在几分钟内通过简单的文字输入，生成完全属于自己的创意画面。

比如，当孩子输入"森林中的城堡"或"会飞的汽车""未来的世界"后，AI 会迅速根据这些关键词生成相应的图像。这些图像通常充满奇幻色彩，不仅可以呈现出孩子脑海中的幻想世界，还能带领他们进入一个从未见过的全新领域。

帮我生成图片：森林中的城堡

图 11-1　豆包生成的图片"森林中的城堡"

帮我生成图片：会飞的汽车

图 11-2　豆包生成的图片"会飞的汽车"

帮我生成图片：未来的世界

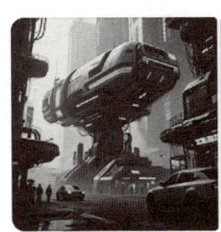

图 11-3　豆包生成的图片"未来的世界"

这种基于文字生成图像的方式,极大地激发了孩子的想象力和创造力。他们不再局限于某些固定的画面或故事,而是能够自己设计和构建完全个性化的世界。他们可以选择不同的场景、角色和物品,通过调整不同的细节,构建一个完全属于自己的故事或环境。

例如,在设计"会飞的汽车"时,孩子不仅可以设置飞行的高度、速度,还可以选择汽车的外观和飞行的轨迹。

这种自由创造的过程不仅培养了孩子的艺术感知能力,还锻炼了他们的空间思维能力和创新意识。

此外,AI绘画软件通常会提供多种风格和画法供孩子选择,从卡通风格到现实主义,从简笔画到油画风格,都可以轻松尝试。通过尝试多样的风格,孩子不仅能够感受到不同艺术形式的魅力,还

> 帮我生成一幅图片,要求:卡通风格,画面中一个双马尾小女孩和一只白色的小狗在草地上奔跑

图片已创建

图 11-4　ChatGPT 生成的卡通画

第 11 章　AI 如何激发创造性思维？　　127

> 帮我生成一幅图片，要求：简笔画风格，画面中一名小学老师在上数学课

图片已创建

图 11-5　ChatGPT 生成的简笔画

> 帮我生成一幅图片，要求：油画风格，画面中是一片麦田

图片已创建

图 11-6　ChatGPT 生成的油画

能通过不断的尝试和修改，培养耐心和解决问题的能力。

除了图像生成，AI 的语音交互技术同样为孩子提供了更为丰富的表达和互动体验。在一些 AI 语音应用中，孩子可以为虚拟角色配音，甚至可以通过与 AI 进行对话，表达自己对某些情感和角色性格的理解。这种互动不仅提升了他们的语言表达能力，还促使他们更好地理解和感受情感的变化和表达方式。

在一些儿童故事应用中，孩子可以为故事中的角色配音，赋予角色不同的语气、情感和表情。通过这种配音的方式，他们能够更好地理解故事情节中角色的心理活动和情感波动。

在给角色配音的过程中，孩子会思考如何根据角色的性格和情境调整语气，比如用愤怒、温柔或开心的语调来表达角色的情感。

这样的训练不仅有助于提升孩子的语言表达能力，还能够让他们在实际交流中更加自信地表达自己。

更为重要的是，这种语音交互训练能够帮助孩子更好地理解和掌握情感的表达。在日常生活中，孩子可能会遇到一些情感困惑或交流障碍，而通过 AI 语音应用的互动，他们可以学会如何在不同的情境下正确、恰当地表达情感。这种能力的训练对于培养孩子的情商和人际交往技能有着不可忽视的作用。

通过 AI 生成的内容，孩子不仅能够在视觉和听觉的刺激中激发灵感，还能在多维的学习体验中提升自己的综合能力。

比如，在 AI 绘画的过程中，孩子学会了如何观察细节和创作画面；在角色配音的过程中，他们提升了自己的语言表达能力和情感认知；而在结合这些元素进行创意设计时，又锻炼了他们的创新思维和解决问题的能力。

AI 教育的优势不仅在于它能激发孩子的兴趣，还在于它能提供一个丰富的、互动性强的学习平台。在这个平台上，孩子可以自由地探索自己的兴趣，尝试各种新鲜的事物，并从中找到乐趣。与传统教育方法相比，AI 教育的最大特点就是它具有个性化和灵活性，能够充分考虑到每个孩子的不同需求和兴趣，为他们提供量身定制的学习体验。

在不久的将来，我们可能会看到更多结合 AI 技术的教育工具，它们将更加智能化和个性化，真正做到因材施教。孩子将在一个充满创意和互动的环境中成长，不仅学到知识，还能在实践中培养创新、表达、社交等多方面的能力。

11.2 创意的学习

故事创作是培养孩子创造力和语言表达能力的一个重要途径。AI 在这一过程中能够提供极大的帮助，尤其是通过写作辅助工具。传统上，许多孩子在创作故事时会遇到"卡壳"或"灵感枯竭"的问题。而 AI 则能有效地解决这一难题，为孩子提供创作的框架和灵感。

例如，当孩子想创作一个冒险故事时，可以输入简单的主题，如"主角在神秘岛屿的冒险"，AI 会根据这一主题生成一个基本的故事大纲，包括主角如何到达岛屿，岛屿上有哪些神秘的生物和奇遇，以及主角如何面对危机等。这些大纲要点能够帮助孩子更清晰地理解故事的结构和发展方向。

> 我想写一个冒险故事，主题是"主角在神秘岛屿的冒险"，请帮我生成一个故事大纲

好的！以下是一个关于"神秘岛屿冒险"的故事大纲，分为六个部分，供你参考：

故事标题

《失落之岛：黄金密咒》

1. 引子：神秘的邀请

- **主角背景**：艾登（Aiden），一位年轻的考古学家兼探险家，痴迷于古代文明和未解之谜。
- **触发事件**：他收到一封匿名信，信中附着一张泛黄的地图，标记着一座未被记录的太平洋岛屿——"泰拉卡岛"（Telaka），传说中这里埋藏着能实现愿望的"太阳神黄金罗盘"。
- **动机**：艾登的祖父曾寻找过这座岛，但30年前在一次探险中失踪。艾登决定完成祖父的遗志，并揭开岛屿的秘密。

2. 登岛：危机四伏的丛林

- **团队组建**：艾登召集了老友兼飞行员佐伊（Zoe）、语言学家卢卡斯（Lucas）和当地向导玛拉（Mara），乘小型飞机前往坐标地点。
- **意外降临**：飞机遭遇电磁风暴坠毁，幸存者们被迫在岛屿南部的丛林登陆，发现这里植被异常巨大（如食人花、发光的蘑菇），暗示岛屿生态受某种力量影响。
- **第一个线索**：他们在废墟中找到一块刻有象形文字的石碑，卢卡斯破译出警告："唯有纯净之心方能触碰黄金"。

3. 深入：古老文明的遗迹

图 11-7　DeepSeek 生成冒险故事大纲

孩子可以在 AI 提供的大纲的基础上发挥自己的想象力，进一步填充细节，完善人物性格、描写人物心理、设置冲突等。此时，孩子已经不再局限于被动地接受故事框架，而是通过 AI 的提示，主动创作丰富的故事情节。在此过程中，孩子的语言表达能力、逻辑思维能力和情感理解能力都会得到很大的提升。

绘画方面，传统的绘画学习通常依赖于教师的指导和大量的练习，但 AI 绘画工具的出现使绘画创作变得更加简单和富有趣味。通过智能绘画软件，孩子可以轻松尝试各种风格，并快速将自己的创意付诸实践。AI 绘画工具通常具备多种绘画风格，如卡通、写实、水彩、素描等，孩子可以根据自己的兴趣选择合适的风格进行创作。

例如，如果孩子对水彩画感兴趣，可以选择水彩风格，系统会自动生成与水彩画风格相符的画面效果，帮助孩子迅速看到自己想要的作品。同时，它还具备智能填充、变形等功能，如果孩子画了一些简单的线条图案，AI 可以根据用户的选择自动为其填充色彩或改变形状，从而快速形成一个完整的图画。

通过这些智能功能，孩子在没有太多绘画基础的情况下也能完成较为复杂的作品，他们还可以轻松尝试不同的构图和色彩搭配，探索绘画的乐趣，激发绘画创作的灵感。

最后，编程学习已然成为现代教育中一个越来越重要的领域，通过编程，孩子不仅可以学会如何编写代码，还能够培养解决问题的能力、逻辑思维能力和创新精神。但是，编程学习具有一定的难度，孩子可能会产生畏难心理。AI 编程教育平台以其独特的游戏化设计，使编程学习变得更加有趣和富有挑战性，特别适合孩子。

将适合孩子学习编程的 Scratch 平台与 AI 技术相结合，能为编程教育和创新实践带来突破性的提升。借助 AI 扩展模块，Scratch 的功能边界得以显著拓展。例如，集成语音识别、图像识别或自然语言处理工具后，学生可以设计智能交互项目——能听懂简单指令的虚拟宠物、自动生成剧情的互动故事、能识别手势动作的小游戏。这类直观的 AI 实践不仅使抽象的"人工智能"概念变得具体可感，更激发了学生的创造力。

AI 的融合也推动了编程教学从单一逻辑训练向跨学科创新的转变。学生在图形化界面中通过拖拽模块即可调用训练好的 AI 模型，在开发过程中逐步理解机器学习、数据训练等基础概念，这种"做中学"的方式非常贴合青少年的认知特点。

教师也可以利用可视化的 AI 模块，设计更具实践性和探究性的课程，如让学生构建简单分类器识别动物图片，从而体验数据训练与算法优化的基本过程。

此外，AI 模块的引入降低了技术门槛，让没有编程基础的学生也能在轻松有趣的环境中接触前沿科技，培养计算思维与 AI 素养。这种融合不仅为传统编程教育注入了活力，也为数字时代培养了既有创造力又有技术理解力的复合型人才。当孩子看到自己设计的智能项目真正"动起来"，这种成就感与科技热情，将成为他们持续探索未来世界的动力源泉。

许多 AI 编程平台还将编程与其他学科结合，例如数学、物理、艺术等。通过编程，孩子可以解决实际问题，如模拟物理现象、设计互动动画等。这种跨学科的学习方式，能够帮助他们更好地理解学科之间的联系，同时激发他们的创造潜能。

通过故事创作、绘画和编程等活动，孩子能够更自由地表达创意，克服学习障碍，并在不断探索和实践的过程中提升自己的思维能力和综合素质。

AI 为孩子提供了一个宽广的创意平台，不仅让他们更高效地学习新技能，还能激发他们对知识的兴趣和热情，帮助他们成为未来具备创新能力和批判性思维的人才。

AI 挑战任务

和 AI 合作写一个小故事

现在，请孩子们拿起手中的电子设备，打开 AI 写作辅助工具，输入你感兴趣的主题，如"太空探险""魔法王国的冒险"等，获取一个故事大纲。然后，发挥你的想象力，为大纲中的每个情节添加丰富的细节，包括人物的性格特点、对话内容、环境描写等，让这个故事变得生动有趣。完成后，与小伙伴们分享你的作品，听听他们的意见和建议。

小贴士： 想让 AI 更懂你的想法？输入主题时加上有趣的关键词吧！比如"会下雨的魔法书包""能听懂动物说话的外卖小哥"，描述越具体，越能让 AI 生成符合你需求的大纲。如果对大纲不满意，大胆"指挥"AI 调整——"可以让主角变成一只喜欢写诗的小狐狸吗？"写作时多想想"五感"——角色跑过草地时，会闻到青草的香气吗？踩在雪地上，会发出"咯吱咯吱"的声音吗？把这些感受写进去，故事就会像真的发生在眼前一样！记住，AI 是帮你打开故事大门的钥匙，而门后的世界，全由你的想象来创造——哪怕故事里的星星会唱歌，月亮是一块会发光的奶酪，也没关系，尽情让你的创意飞起来吧！写完后别忘了和小伙伴分享，让故事在交流中变得更温暖、更有趣！

第 12 章

AI 如何提升批判性思维？

在信息过载的现代社会中，我们的生活充斥着各种各样的信息。这些信息来源广泛，从新闻媒体、社交网络到学术研究、搜索引擎，甚至人工智能。在信息的洪流中，我们不仅要快速获取信息，还要对这些信息进行分析、筛选和判断。

然而，这些信息往往并未经过深思熟虑或精确验证，包含着各种各样的观点、利益诉求和潜在的虚假成分。为此，批判性思维作为一种重要的认知技能，显得尤为重要。

批判性思维是一种理性且自觉的思维方式，要求我们对信息进行反思、分析和判断。它促使我们在面对复杂信息时不轻信、不随便接受，而是通过合理的推理、严谨的分析和多角度的对比来寻找真相。

尽管 AI 拥有强大的计算和学习能力，但它的认知仍然受限于所使用的算法、数据和训练模型。

AI 的"思维"方式与人类的思维方式截然不同，它无法像人类一样理解信息的背景和隐含的意义，而是基于大量的历史数据和模式来生成答案。因此，尤其是在涉及复杂、模糊的问题时，AI 给出的答案不一定是最准确的。

AI 的答案是否可靠？如何判断其真实性？这两个问题的答案需要我们从 AI 的工作原理入手进行分析。

AI 的学习是基于大量的训练数据，这些数据来自互联网上的各种信息源，包含了各种语言、观点和文化背景。虽然这些数据有助于 AI 生成更为丰富和多样的回答，但也存在数据偏差和错误的可能性。例如，某些网站上的内容可能包含错误信息，或者由于 AI 在特定领域的训练数据不完整，它可能无法充分理解或准确回应某些复杂问题。

AI 系统的错误结论并非孤例。此前意大利推出的全 AI 生成报纸——*IL Foglio Ai*，因频繁出现事实性错误不得不依赖人工干预；彭博社也曾因 AI 错误总结特朗普关税政策而撤回报道。这些案例共同指向 AI 技术的核心缺陷：其训练数据往往隐含历史偏见，算法逻辑难以应对人类社会的复杂语境。

在面对 AI 的回答时，我们要学会质疑和验证其真实性。

首先，了解 AI 使用的算法模型是非常重要的。每种算法都有其自身的优缺点和适用范围，了解这些有助于我们理解 AI 给出的答案为何可能存在偏差。

其次，AI 的答案是否可靠，也取决于其训练所使用的数据集。如果 AI 的训练数据存在偏差或错误，那么它的输出也必然存在问题。

当无法判断 AI 回答的真实性时，我们可以引导孩子从多个角度进行验证。

首先，AI 在给出答案时，往往是通过不同的数据源进行整合和分析的。我们可以通过查看 AI 回答中引用的信息来源来验证其可靠性。例如，如果 AI 提供的信息来自知名的学术研究或权威机构，那么其回答的可信度就相对较高；相反，如果 AI 的回答没有明确的引用来源，或者引用了非专业性的内容，那么我们就需要提高警惕，进一步查证其真实性。

其次，多角度的对比与分析，能够帮助我们更全面地理解问题。例如，当我们询问 AI 有关某个社会现象的问题时，它可能会从不同的维度进行分析，比如经济、文化、社会等层面。这时，我们可以鼓励孩子通过对比 AI 给出的不同角度的观点，来思考问题的多重性和复杂性。古人云，"兼听则明"，通过对不同层面进行综合分析，孩子可以从多个角度看待问题，避免单一视角的片面思考，从而培养其更全面、客观的批判性思维。

除了在理论上理解如何训练 AI 的信息鉴别能力，我们还可以通过实践帮助孩子提升辨别能力。在日常学习中，可以鼓励孩子利用 AI 查询和探索知识，同时要求他们进行思维反思和验证。

例如，在进行学术研究时，孩子可以利用 AI 来获取相关文献、数据和研究成果，但不应仅依赖 AI 提供的初步信息。他们需要学会评估信息的权威性和可靠性，是否与其他学术资源相符，是否符合当前的科学共识。

同时，我们也可以通过引导孩子进行批判性讨论来培养他们的思考能力。例如，在讨论某个社会热点问题时，可以组织孩子进行辩论，让他们从不同的角度分析问题，提出不同的观点，进而培养他们从多个维度进行思考的能力。

此外，在学习中，我们还可以引导孩子利用 AI 进行反思。AI 不仅能为孩子提供信息，还能帮助孩子发现自己知识中的盲点。如果孩子向 AI 提出问题后，AI 的回答与自己的预期有所出入，那么孩子可以利用这个机会进行反思，审视自己原本的理解是否存在问题。通过与 AI 的互动，孩子可以锻炼在面对不同信息时进行自我评估和修正的能力。

AI 挑战任务

辨析 AI 解读的新闻

同学们,现在请大家挑选一条近期关注的新闻,比如科技领域的新发明、社会热点事件或者文化动态,然后让 AI 来解读这条新闻。比如,当 AI 解读"某新能源汽车企业宣布研发新电池技术"的新闻时,可能会分析技术原理、行业影响和市场反应。这时候,你需要仔细阅读 AI 的解读,想想它的分析是不是足够全面,有没有隐藏的偏见或错误。

AI 的解读可能会受到训练数据的影响,比如只引用了企业官方发布的信息,却没提到消费者的实际反馈,或者忽略了该技术在环保方面的争议。这时候,你可以像小侦探一样,去查阅其他来源的资料:比如这家企业过去有没有过技术争议,行业内的专家怎么评价这项新电池技术,消费者在社交媒体上分享了哪些使用体验。把这些信息和 AI 的解读对比一下,看看有没有矛盾的地方,或者 AI 漏掉了哪些重要的角度。

小贴士: 想让辨析过程更有效,试试这些小技巧吧!选新闻时,尽量挑那些呈现不同观点的事件,比如既有企业宣传又有消费者反馈的科技产品发布,或者既有官方通报又有民间讨论的社会热点,这类新闻更容易让 AI 的解读"露出"潜在偏向。向 AI 提问时,不妨说得更具体些,比如"请结合环保组织的评价和行业标准,分析这条新能源汽车技术新闻",这样能引导 AI 从单一视角扩展到多维度解读。验证时,记得把 AI 的分析和权威媒体报道、政府公开数据,甚至相关纪录片对比,就像拼拼图一样,只有收集不同角度的信息碎片,才能拼出事件的完整画面。如果发现 AI 的解读里总说"所有人都认为""绝对正确",或者只提到某一方的观点,别着急相信,这可能是数据来源不够全面或者算法推荐倾向在"作怪"。带着怀疑的眼光去查证,比如找找反对者的声音、历史类似事件的处理结果,你会发现自己就像信息世界里的小侦探,在对比和分析中逐步揭示新闻事件的真相!

第 13 章

AI 如何提升解决问题的能力？

高阶思维还有一个重要组成部分——解决复杂问题的能力，这要求孩子在面对问题时能够进行深度分析，寻找到根本原因并提出创新的解决方案。AI 能够通过丰富的功能和强大的数据处理能力，为孩子提供巨大的帮助。

提升解决问题的能力，离不开项目式学习。在项目启动阶段，AI 以"超级助手"的角色打破信息壁垒。例如，当孩子围绕"城市垃圾分类优化方案"展开项目时，AI 可瞬间调取全球政策、技术案例等海量信息，并自动分类形成知识图谱。这种高效的信息获取方式，不仅节省时间，更拓宽了孩子的思维边界，让他们在项目初期就站在更高的认知起点。

进入项目规划环节，AI 的智能规划功能成为孩子的"策略参谋"。以"校园植物多样性调查"为例，孩子只需输入核心需求，AI 就能将抽象目标拆解为可执行的任务链条，帮助孩子构建科学的项目管理框架。这种将模糊目标具象化的过程，本质上是对孩子规划与组织能力的系统训练。

在项目执行过程中，AI 进一步升级为"智慧中枢"。无论是通过数据可视化工具辅助社区进行垃圾分类习惯分析，还是利用 AI 写作工具优化项目报告，孩子在每个关键节点都能获得即时反馈与智能建议。

这种"实践—反馈—优化"的闭环模式，推动孩子在实践中主动思考，逐步摆脱对外部指导的依赖，真正实现独立解决问题能力的提升。

当孩子完成项目式学习的初步实践后，AI 将进一步引导他们从碎片化认知走向系统性思维。在主题研究领域，AI 的知识整合能力展现出独特优势。以"新能源汽车发展"主题研究为例，AI 知识图谱工具能够将技术分类、产业链等零散信息编织成动态网络，帮助孩子构建完整的知识体系。这种可视化的知识框架，不仅便于孩子理解复杂概念间的关联，更能随着研究深入自动更新，成为持续迭代的认知地图。

在研究推进过程中，AI 的智能推荐与模拟功能形成"双引擎"驱动。当孩子聚焦电池技术时，AI 推送的前沿材料研究与回收技术，能引导其从技术、经济、环境等多维度进行交叉分析；而场景模拟功能则通过数据推演，让孩子预见行业发展趋势，培养前瞻性思维。此外，AI 的多维度问答系统，能针对"补贴政策对市场的影响"等复杂问题，从经济学、政策学等视角展开深度解析，帮助孩子完善研究逻辑。

孩子面对问题时还需要突破固有认知，而 AI 正是打破思维定式的"破壁者"。AI 通过案例对比分析，既能提炼传统设计的共性规律，又能展示颠覆性创新案例，激发孩子突破常规的想象力。

每个孩子在思维发展中都有独特轨迹，AI 的个性化指导功能为此提供了定制化成长路径。通过记录操作行为、分析提问逻辑，AI

能够精准识别孩子在逻辑推理、知识储备等方面的薄弱环节，并推送针对性训练方案。当孩子因难题而焦虑时，AI不仅能通过语言鼓励其重建信心，还能动态调整指导难度，将挫折转化为成长契机。这种"能力培养＋心理关怀"的双重模式，确保孩子在解决问题的过程中保持积极心态，实现能力与心理的协同发展。

综上所述，AI通过深度融入学习实践的各个环节，构建起"实践训练—认知升级—思维突破—个性成长"的完整培养链条，帮助孩子掌握解决复杂问题的方法，逐步成长为具备高阶思维的创新型人才，从容应对未来的各种挑战。

AI 挑战任务

让 AI 小助手和你一起做研究

同学们，请选择一个自己感兴趣的问题，如"人工智能在医疗领域的应用""古代文明的神秘消失"等，AI 会快速帮你找到相关的研究资料，包括学术文章、专家分析、最新的研究成果等。在这个过程中，你不仅能获取到丰富的知识，还能了解不同专家的观点和研究方向。你需要仔细筛选这些资料，剔除不相关的信息，提取出对你的问题最有帮助的部分。然后，进行整理和分析。你可以根据自己的理解，对资料中的重要信息进行归纳总结，找出不同观点的异同。比如，如果你在研究"人工智能在医疗领域的应用"，你可以整理出人工智能如何帮助医生进行诊断、如何提升治疗效率等方面的内容，并分析这些应用的优缺点。最后，结合你自己的思考，形成一个完整的答案和结论。在这个过程中，请你锻炼自己的高阶思维能力，学会利用 AI 工具进行深入学习和研究。

小贴士： 刚开始确定研究问题时，记得把问题说得具体些，这样 AI 能更快帮你锁定精准的资料。向 AI 索要资料时，可以像和朋友聊天一样提要求："请帮我找 3 篇最近一年关于'恐龙灭绝新理论'的科普文章，要带专家采访的那种哦！"这样 AI 会更懂你的需求。拿到资料后，别急着全盘接受，先给它们"验验身份"——看看这些科普文章有没有正规期刊标志，里面的专家观点是否来自权威机构，最新研究成果有没有实验数据支撑。整理资料时，可以准备一个"观点小本本"，把不同专家的看法分类记下来。如果遇到复杂的专业术语，别害怕，让 AI 用通俗易懂的语言解释给你听。最后做结论时，记得加上自己的思考："如果我是研究人员，我会想……"这样一来，AI 提供的资料就像积木，被你"搭"成了独一无二的研究成果！

第五篇

家长和教师如何正确引导孩子用 AI？

第 14 章

家长如何引导孩子用好 AI？

14.1 家庭 AI 使用守则

14.1.1 如何为孩子设定 AI 使用时间，避免过度依赖？

在一个宁静的夜晚，小明一家正被作业难题搅得心烦意乱。小明对着数学作业愁眉苦脸，以往他还会绞尽脑汁思考，可自从接触了 AI 学习工具，他第一反应便是向 AI 求助。这不，当晚他将数学作业迅速输入 AI 平台，瞬间得到了详细的解题步骤和答案，他毫不犹豫地照抄起来。

妈妈偶然间发现了这个秘密，顿时火冒三丈，严厉指责小明偷懒。小明却委屈地嘟囔："大家都在用 AI，它又快又准，为什么我不能用？"母子俩你一言我一语，互不相让，家中弥漫着紧张的气氛。这场因 AI 引发的家庭冲突并非个例，而是许多家庭在 AI 时代的真实写照。

如今，AI 已悄然走进千家万户，智能音箱、学习软件、儿童陪伴机器人等各类 AI 产品层出不穷，给生活带来便利的同时，也带来了诸多问题。孩子对 AI 的依赖日益严重，像小明这样用 AI 完成作业的现象屡见不鲜。

过度依赖 AI，会导致孩子的独立思考能力逐渐被削弱，在遇到问题时，他们不再主动思考，而是习惯性地寻求 AI 的帮助，长此以往，解决实际问题的能力也会受到影响。

此外，AI 提供的信息往往是直接且现成的，孩子在使用过程中，容易养成被动接受知识的习惯，缺乏对知识的深入探究和思考。比如，当孩子用 AI 查询资料写作文时，可能只是简单拼凑 AI 给出的内容，而不去思考文章的逻辑、立意，无法真正提升写作能力。如何引导孩子正确使用 AI，避免过度依赖，让 AI 成为学习成长的助力而非阻碍，成为每个家庭亟待解决的问题，这也正是制定家庭 AI 使用守则的重要原因。

当提及 AI 使用守则时，人们往往会立即联想到设定 AI 使用时间。科学研究表明，长时间无节制地使用电子设备以及 AI，会在多个关键方面对孩子的成长造成显著的不良影响。

就视力而言，电子屏幕发出的蓝光持续刺激眼睛，易导致近视、散光等视力问题；在注意力方面，频繁切换于各种电子信息之间，使得孩子难以长时间集中精力，专注力不断下降；而从认知发展角度来看，过度依赖 AI 的便捷解答，会抑制孩子独立思考、自主探索能力的发展。

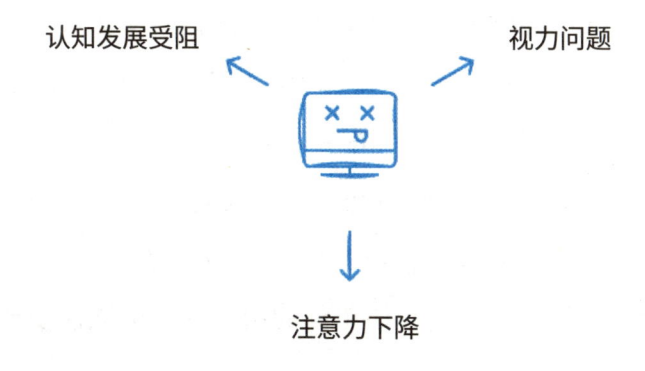

图 14-1　长时间无节制地使用电子设备和 AI 对孩子的影响

鉴于此，依据孩子的年龄和学习任务，科学且精准地设定具体的 AI 使用时间显得很有必要。不同年龄段孩子的身心发展特点各异，学习任务也有所不同，所以需要区别对待。

例如，小学生正处于身体和认知快速发展的阶段，每天使用 AI 的时间不宜超过 30 分钟。他们的自控能力相对较弱，过多接触 AI 可能沉迷其中。而中学生随着学习难度增加和自主意识增强，每天使用 AI 的时间也不应超过 1 小时，应该合理利用 AI 辅助学习，而不是替代自己思考。

以小明为例，他是一名活泼好动的小学生，对新鲜事物充满好奇。每天完成老师布置的作业后，可使用 AI 进行 15—20 分钟的拓展学习，如利用 AI 查询有趣的科学小知识，拓宽知识面。周末时间相对充裕，可以适当增加使用时长，但也不能超过 1 小时。通过这样有规划的安排，既能满足他对 AI 的探索需求，让他享受科技带来的便利与乐趣，又能有效控制使用时间，避免过度依赖 AI，保障他的身心健康发展。

不同的学习场景，AI 的使用时间也应有所不同。在完成作业这个场景下，学生面临的作业种类繁多，涵盖语文、数学、英语、物理、化学等各个学科。每科作业使用 AI 辅助的时间最好不超过 15 分钟，之所以设定这样的时间限制，是因为若长时间依赖 AI，孩子容易产生思维惰性，难以独立思考和解决问题。而控制在 15 分钟以内，既能让孩子借助 AI 快速找到难题的解题思路，如通过 AI 搜索数学题的解题步骤、查询英语单词的用法等，又能促使孩子深入思考，锻炼思维能力，提高自己思考和解决问题的能力。

　　复习时，情况又有所不同。复习的内容丰富多样，孩子对各部分内容的掌握程度也参差不齐。可根据复习内容和孩子的掌握情况，合理分配使用 AI 的时间。比如复习历史时，历史知识点繁杂琐碎，利用 AI 整理知识点可控制在 20 分钟左右。AI 可以快速梳理历史事件的时间脉络，归纳不同朝代政治、经济、文化的特点，帮助孩子建立系统的知识框架。但如果使用时间过长，孩子就可能只是机械地记忆 AI 整理好的内容，而缺乏自己对知识的理解和消化。

　　拓展学习时，像探索科学实验、阅读课外书籍等活动，旨在拓宽孩子的知识面和视野，AI 使用时间可设定为 30 分钟以内。在探索科学实验时，AI 可以提供实验原理的详细解释、模拟实验过程，帮助孩子更好地理解实验步骤和预期结果。阅读课外书籍时，AI 能提供书籍的背景知识、作者生平和相关书评，辅助孩子更深入地理解书籍内容。同样，若使用时间过长，会让孩子失去自主探索和思考的机会。这样分场景规划，能让孩子在不同学习场景中，合理利用 AI，提高学习效率。

　　借助定时器、时间管理 App 等工具，能有效地帮助孩子和家长管理 AI 使用时间。家长在孩子使用 AI 前，一定要谨慎且合理地设定好时间。比如，根据孩子此次任务的预计时长，精确到分钟来进行设置。当时间结束时，定时器会发出清脆的"嘀嘀"声，时间管理 App 也会以振动或者弹窗的形式发出的提醒，此时孩子就必须停止使用 AI。

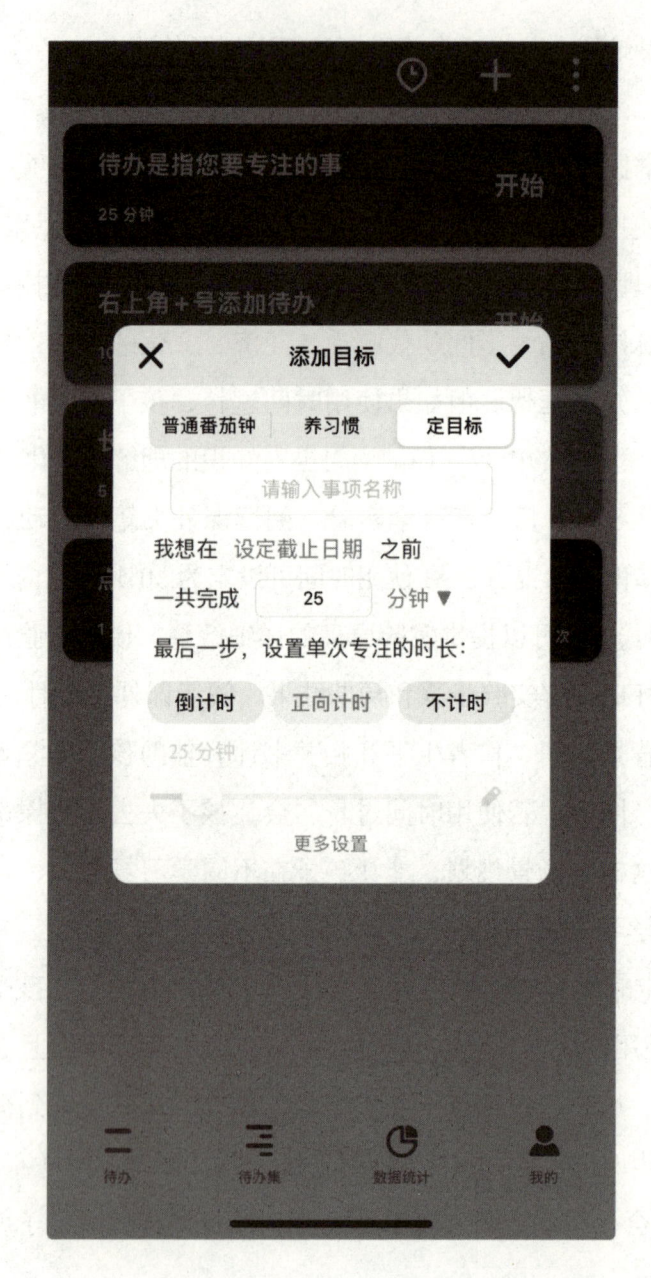

图 14-2 设定专注时间

例如，使用番茄 ToDoApp，设定 25 分钟的专注时间，在这 25 分钟里，App 会开启专注模式，除了必要的 AI 使用界面，其他可能分散孩子注意力的应用都会被暂时屏蔽。孩子在这样一个无干扰的环境中，专心使用 AI 完成任务，时间一到，App 自动锁定，即便是孩子想要强行操作，也无法突破锁定限制，从而切实避免孩子超时使用。

此外，设置奖励机制也相当有效。家长可以准备一个精美的小本子，若孩子按时结束 AI 使用，就在本子上贴上一个可爱的小贴纸或者画上一颗闪闪发光的小星星。当积累到 20 个小贴纸或者小星星后，孩子就能兑换自己喜欢的礼物，如一本情节精彩的漫画书、一个造型别致的小玩具等。通过这样的方式，不断激励孩子养成良好的时间管理习惯。

14.1.2 如何引导孩子在使用 AI 时保持思考，而不是被动接受？

在日常生活里，我们有多种多样的方式，能帮助孩子透彻且清晰地认识到 AI 工具的本质。

例如，当孩子对绘画展现出浓厚兴趣，并且开始使用 AI 绘画工具时，家长就可以进行巧妙引导。如让孩子仔细观察 AI 所生成的内容，实际上那仅仅是一些极为简单的草图，以及一些基础的创意雏形罢了。

倘若孩子期望创作出一幅独一无二、满含自身情感的精美画作，那必然还需要孩子亲自拿起画笔，一点一点去细致地描绘每一处细节，精心地添加每一抹色彩，将自己内心深处独特的想法真实地融入其中。

例如，小明在参加绘画比赛时，巧妙地利用AI获取了一些关于太空主题绘画的灵感，以及较为简单的构图思路。然而，最终在赛场上呈现出的那幅令人眼前一亮、充满奇思妙想、色彩斑斓的太空画作，是他花费了大量时间，对线条一遍又一遍地反复勾勒，对色彩进行精心的搭配与调试，才得以实现的。

这个过程让小明深切地明白，AI只是一把能够开启创作之门的钥匙。真正的创作过程是任何工具都无法替代的，它需要自己积极主动地去思考，并且实实在在地动手实践，才能让脑海中的创意真正落地成为优秀的作品。

设计一些富有趣味性与启发性的活动，也是培养孩子批判性思维的行之有效的途径。"AI答案找碴儿"便是其中极具创意且寓教于乐的一个活动。在开展这个活动时，家长可以精心筛选各类AI给出的答案，这些答案涵盖的领域十分广泛，既可以是语文阅读理解里对文章主旨、人物形象分析等的解答，也可以是数学题详细的解题思路，甚至可以是科学知识板块中对各类自然现象、科学原理的解释。

以语文阅读理解为例，家长可以选取一篇文章，AI给出的答案可能在分析人物性格时仅依据单一事件，这时家长就可以引导孩子深入思考，鼓励孩子大胆地提出疑问。比如，为什么AI只从这一个事件就判定人物的性格？是否还有其他隐藏在文章中的细节被忽略了？

在数学解题思路方面，若 AI 给出的是常规解法，家长可以让孩子思考有没有其他更简便、更创新的方法，这种常规解法在所有类似题型中是否通用。对于科学知识的解释，如 AI 对地球公转产生四季变化的原因的阐述，家长可以引导孩子思考其解释是否完整，有没有遗漏一些关键因素。

再以历史事件为例，针对 AI 给出的对"历史事件中某人物行为动机"的解读，家长要着重引导孩子从不同角度去思考。为什么 AI 会这样解读？这个解读是否全面？是否符合当时复杂的历史背景？

就拿"赤壁之战"来说，AI 可能将曹操失败的原因简单归结为战术失误。但实际上，战争的失败是多种因素综合作用的结果。孩子就可以提出疑问，从曹操军队大多来自北方，不熟悉水战，在长江流域作战时先天存在劣势，士兵长途跋涉，水土不服，疾病流行，战斗力受到极大削弱等多方面进行分析。

通过思考与质疑，孩子能够对历史事件形成自己更全面、更深入的理解，在不断思考和分析的过程中，逐渐养成批判性思考的习惯，这种习惯将对孩子未来的学习和生活产生深远的积极影响。

除了以上方式，家长还可以给孩子布置探索性的学习任务，充分激发他们内心深处潜藏的自主探索欲望。在当今科技发达的时代，这一过程可以巧妙借助各类先进工具完成。

例如，当让孩子研究某种植物的生长特性时，孩子可以熟练运用 AI 技术，通过检索专业数据库、科普网站以及学术资源平台，快速收集该植物生长环境的相关资料，如它偏好的温度区间、湿度范围，所需养分，包括氮、磷、钾等元素的具体比例，以及完整的生长周期等丰富资料。

实践观察环节也至关重要。孩子需要亲自在窗台、阳台或花园里种下这种植物，开启细致的观察之旅。他们要定期记录植物的高度，用精确的尺子测量，精确到毫米；统计叶片数量，逐片仔细清点；关注颜色变化，从嫩绿到深绿再到泛黄等不同阶段都进行详细记录。

在实际观察和分析过程中，孩子会不断产生各种疑问。比如，为什么植物在这个阶段生长速度加快了？是不是与最近光照时长突然增加、浇水频率发生改变有关？

这种自主探索的过程，就像一场奇妙的冒险，孩子可以在不断思考、不断尝试、不断验证中，逐渐摆脱对 AI 的依赖，真正培养起独立思考和解决问题的能力，为未来的自主学习和独立生活打下坚实的基础。

14.1.3　家庭 AI 使用守则细则

家长可以与孩子一起商讨制定一份详细的 AI 使用公约，在制定公约时，家长也要充分尊重孩子的想法，通过平等交流的形式，激发孩子参与的积极性。

公约内容应全面且细致地涵盖使用时间、使用场景、违规处理等关键方面。

在使用时间上，明确规定孩子每天能够使用 AI 设备的时长，比如设置为周一到周五每天 1 小时，周末每天 2 小时，防止孩子过度沉迷。

在使用场景方面，可具体说明只能在完成作业之后，且在家长的监督下于客厅等公共区域使用，避免孩子在私密空间无节制使用。

在违规处理部分，可规定若孩子违反公约，第一次可予以警告，第二次减少使用时长，第三次则暂停使用一周。

以清晰直观的表格形式呈现这些内容，能让孩子一目了然，更易于理解和遵守。

表 14-1 家庭 AI 使用守则细则（举例）

项目	具体内容
使用时间	周一至周五：小学生每天不超过 30 分钟，中学生每天不超过 1 小时，具体时间段可安排在完成作业后，如晚上 7—8 点，使用 AI 进行拓展学习或知识巩固。 周末：小学生每天不超过 1 小时，中学生每天不超过 2 小时，可分上午、下午或晚上不同时间段使用，每次使用时间不宜过长，中间需适当休息。
使用场景	学习场景：完成作业时，每科作业使用 AI 辅助时间不超过 15 分钟；复习时，根据复习内容合理分配时间，如复习历史利用 AI 整理知识点 20 分钟左右；拓展学习，探索科学实验、阅读课外书籍等，每次使用 AI 不超过 30 分钟。 生活场景：使用智能音箱听音乐、讲故事，每天累计不超过 1 小时；使用 AI 语音助手查询信息，每次不超过 10 分钟。
违规处理	违规超时使用：第二天减少相应使用时长，如超时 10 分钟，第二天使用时间减少 10 分钟。 未按规定场景使用：取消当天剩余 AI 使用时间，并进行批评教育。 使用 AI 作弊：如用 AI 完成作文、考试作弊等，一周内禁止使用 AI，并要求孩子重新完成相关任务，加强对孩子的诚信教育。

不过，值得注意的是，以上细则都是针对孩子制定的。随着孩子的心智逐渐成熟，他们对家庭平等地位的要求也会越来越明显。在这种情况下，家长需要以执行者的身份与孩子共同遵守家庭的 AI 使用细则。父母是孩子的第一任老师，家长在日常生活中的行为，哪怕是微不足道的细节，也容易被孩子模仿学习，从而慢慢影响孩子的行为。

因此，从以身作则的角度来说，家长需要严格执行已经制定好的细则，在违反公约时也要坦然接受惩罚，以平等的身份和孩子一起成长。

当然，公约的内容不可避免地会因为家长和孩子的身份不同产生差异，这时就需要父母和孩子进行有效的沟通，通过协商制定出适合双方的细则。

每月或每季度对孩子的 AI 使用效果进行一次全面且深入的评估，是确保 AI 使用守则切实发挥效用、真正落地生根的关键所在。评估过程可以从多个维度、多个层次进行。

学习成绩是一个极为直观且容易量化的关键指标。我们可以细致地观察孩子在使用 AI 辅助学习后的一段时间内，各学科成绩是否呈现出明显的提升态势。

例如，数学学科，在孩子借助 AI 进行复杂难题的解答以及重点知识点的巩固强化后，在后续的阶段性考试、期中考试、期末考试中，其数学成绩是否较之前有显著的进步，具体分数提升了多少，在班级和年级的排名是否有所上升等。

除此之外，还可以通过一些精心设计、具有针对性的思考能力测试来综合评估孩子的思维发展状况。

例如，逻辑推理题，涵盖图形推理、数字推理、文字逻辑推理等多种类型，通过分析孩子对不同类型逻辑推理题的解答情况，判断其逻辑思维的严密性、敏捷性是否得到了提升。

创意写作题则可以让孩子在给定的主题或情境下进行创作，从文章的立意新颖度、内容丰富度、结构合理性以及语言表达的流畅性和独特性等方面，评估孩子的创新思维和文字表达能力是否在 AI 的辅助下得到了有效的提升。

根据全面细致的评估结果，家长需及时对使用守则进行精准调整。倘若通过详细的数据对比以及日常观察，发现孩子在使用 AI 后学习成绩呈现出显著提高的态势，例如在各科考试中成绩均有大幅度上升，思考能力也得到了切实增强，面对复杂问题时能够迅速理清思路、提出有效解决方案，并且在日常学习生活中没有出现过度依赖 AI 工具的迹象，遇到问题会先自主尝试思考而非第一时间求助 AI 时，可依据实际情况适当增加 AI 使用时间。比如，每天额外增加半小时，或者拓展使用场景，让 AI 参与到更多学科的学习辅助中，如历史资料的梳理、地理现象的分析等。

反之，若孩子在使用 AI 过程中出现过度依赖的问题，比如频繁借助 AI 完成作业，自身思考能力不仅没有明显提升，甚至通过测试、课堂表现等方面的反馈显示出下降趋势，此时就必须严格限制使用时间。比如，将原本每天使用 AI 2 小时缩短为 1 小时。同时，加大引导和监督的力度。教师和家长要定期与孩子沟通交流使用 AI 的心得与问题，减少 AI 使用时间，增加自主学习任务，例如布置更多具有开放性、需要深度思考的作业，帮助孩子逐步养成独立思考的习惯，摆脱对 AI 的过度依赖。

14.2　家长陪伴指南

14.2.1　如何与孩子一起探索 AI，培养共同学习的习惯？

探索之旅：家庭中的 AI 体验

在家里，我们能开展众多充满趣味性与探索性的 AI 小实验，这些实验就像一把把神奇的钥匙，能够轻松打开孩子对未知世界的大门，让孩子真切地感受 AI 那独特又迷人的神奇魅力。

当我们和孩子利用手机上功能强大的 AI 识别系统时，就仿佛拥有了一个随时在线的知识宝库，能和孩子一起尽情探索大自然的奥秘。

想象一下，在一个阳光明媚的周末午后，我们悠闲地漫步在绿意盎然的公园中，路边突然出现一株模样小巧、色彩淡雅的不知名小花，它在微风中轻轻摇曳，仿佛在向我们招手。

这时，我们只需拿出手机，打开植物识别系统，将手机镜头稳稳地对准花朵，轻轻一扫，刹那之间，手机屏幕上便会清晰地显示出这株花的名称、生长习性、原产地区等一系列详细信息。孩子看到这些信息，眼中定会满是惊叹与好奇，那些新奇的知识如同璀璨的星光，点亮他们的认知世界。

又或者，当我们身处郊外，被大自然的清新与宁静所包围，偶遇一只毛茸茸、憨态可掬的小动物，它正灵动地穿梭在草丛间。同样地，拿出手机使用 AI 识别功能，眨眼间，我们便能知晓它所属的种类，深入了解它独特的生活习性，这如同一堂生动的自然科普课，让孩子在玩乐中收获满满当当的知识，对大自然的热爱也在心底悄然生根发芽。

编程实验如今得到越来越多孩子的喜爱，其本身也能激发孩子对 AI 的浓厚兴趣。

以 Scratch 图形化编程软件为例，它的操作界面设计得极为友好，充满童趣。孩子面对这款软件时，无须掌握复杂的代码语法，仅仅通过简单的拖动色彩鲜明、标识清晰的模块，就能开启奇妙的编程之旅，轻松创建出各种各样妙趣横生的程序。

还有简易的图像识别实验，这可以借助 Python 的 OpenCV 库来实现。家长和孩子可以并肩坐在电脑前，一起开启代码编写的征程。通过编写代码，对模型进行精心训练，使其能够准确识别不同的物品，像色泽鲜艳的水果、造型各异的玩具等。当模型成功地准确识别出物品时，孩子眼中会闪烁惊喜的光芒，真切地感受到 AI 在图像领域所展现出的强大功能，仿佛打开了一扇通往未来科技世界的大门。

观看 AI 科普纪录片和电影也是绝佳的探索方式。比如《你好，

AI》这部制作精良的纪录片，它运用了丰富多样的表现手法，通过珍贵的历史影像资料、对行业专家的深度访谈以及逼真的动画演示等，以生动有趣的方式介绍了 AI 的发展历程、应用领域以及未来前景。从早期复杂晦涩的计算机程序语言，逐步过渡到当下随处可见的智能语音助手，如我们日常使用的小爱同学、Siri 等，再到不断突破技术瓶颈的自动驾驶，如特斯拉等汽车品牌在自动驾驶领域的持续探索，该纪录片深入浅出地讲解 AI 技术，可以让孩子全面了解 AI 的发展脉络。

而《创新中国》这部纪录片视角独特，聚焦中国在人工智能等前沿科技领域的创新成果，通过一系列真实且震撼的案例，展示 AI 在多个领域的应用。比如，在医学上，利用 AI 识别医学影像中的病灶，辅助医生进行精准诊断；在农业上，借助 AI 实现智能灌溉和病虫害监测，提高农作物产量和质量；在工业上，运用 AI 优化生产流程，提升生产效率等。通过这些实际应用，让孩子看到 AI 如何全方位地改变我们的生活，激发他们对科技创新的热情。

科幻电影宛如一把神奇的钥匙，也能为孩子开启一扇通往 AI 想象世界的大门。史蒂文·斯皮尔伯格执导的电影《人工智能》，以细腻且充满温情的叙事，讲述了拥有人类情感的机器人小男孩大卫，踏上漫长而艰辛的寻找母爱的奇幻故事。孩子沉浸在大卫跌宕起伏的经历中，被其对母爱的执着渴望深深打动，与此同时，也会不由自主地陷入对 AI 与人类情感、伦理之间微妙而复杂关系的思索。

而《机械姬》这部影片，则围绕着对智能机器人进行的"图灵测试"徐徐展开。在那封闭而充满科技感的空间里，人物之间的交锋与对智能机器人的深入探究，将 AI 的自我意识和智能发展问题推到观众眼前。观影后，家长不妨和孩子围坐在温馨的客厅里，打开话匣子，分享彼此在观影过程中的独特感受和心中存在的疑问。孩子或许会满脸好奇，急切地询问 AI 是否真的能像电影中那般拥有情感，此时，家长便可以巧妙地借此机会，用通俗易懂的语言进一步解释 AI 的原理，从数据处理到算法运行，深入浅出地为孩子答疑解惑。在一来一往、热烈友好的交流氛围中，加深孩子对 AI 的理解，让这场探索 AI 的旅程充满惊喜与发现，变得更加丰富多彩。

线上互动：巧用 AI 工具

周末闲暇时光，一家人围坐在客厅，打开智能音箱，与智能聊天机器人展开一场奇妙的对话。

孩子兴奋地抢先开口："机器人，你知道世界上最厉害的恐龙是什么吗？"机器人迅速给出答案，详细介绍霸王龙的特点和习性。孩子听得津津有味，接着又抛出一连串问题："那恐龙为什么会灭绝呢？有没有会飞的恐龙？"每一个问题，机器人都耐心作答。

在这个过程中，家长可以引导孩子思考机器人回答背后的逻辑，比如问孩子："你觉得机器人是怎么知道这些知识的呀？"鼓励孩子大胆猜测，激发他们对 AI 内在原理的探索欲。当机器人的回答不够准确或者孩子有不同观点时，家长可以和孩子一起查阅资料，验证信息，培养孩子的批判性思维。

通过与智能聊天机器人对话，孩子不仅能获取丰富的知识，还能在交流中感受 AI 的语言交互能力，为进一步探索 AI 世界打开新的窗口。

如今，各种 AI 学习辅助工具为孩子的学习提供了极大的便利。智能词典便是其中之一，当孩子在阅读英文书籍或学习英语课文时，遇到不认识的单词，只需用智能词典一扫，单词的发音、释义、例句便一目了然，还能进行跟读练习，纠正发音，就像身边随时有一位专业的英语老师。

智能作业辅导软件也能成为孩子学习的好帮手，当孩子遇到数学难题，拍照上传题目，软件就能给出详细的解题思路和步骤，帮助孩子理解题目，掌握解题方法。

但在使用这些工具时，家长要引导孩子合理利用，不能过度依赖。比如，规定孩子在独立思考 15 分钟后，仍无法解答问题时，再使用作业辅导软件；使用智能词典查词后，要让孩子用这个单词造句，加深理解。

同时，家长也要关注孩子使用工具的过程，与他们一起探讨工具给出的答案，帮助孩子更好地掌握知识，提升学习效率，让 AI 学习辅助工具真正成为孩子学习道路上的助力。

在与孩子共同探索 AI 的奇妙旅程中，我们收获的不仅仅是知识与技能，更是一段段珍贵的亲子时光和共同成长的美好回忆。对孩子而言，这是一个充满惊喜与挑战的学习过程，他们不仅了解了 AI 的基本概念、原理和应用，还通过实践活动锻炼了逻辑思维，提高了动手能力，培育了创新精神。

那些趣味 AI 小实验，让孩子亲身体验到 AI 的神奇，激发了对科学探索的浓厚兴趣；观看 AI 科普影视，拓宽了他们的视野，引发了对科技未来的无限遐想；线上与智能聊天机器人进行对话，锻炼了他们的语言表达和思维能力；线下参加 AI 主题展览和亲子工作坊，更让他们在真实的场景中感受 AI 的魅力，增强了对知识的理解和应用能力。

而对于家长来说，与孩子一起探索 AI 也是一次自我提升的机会。家长在陪伴孩子学习的过程中，接触到了新的知识和技术，跟上了时代的步伐，拓宽了自己的视野。曾经对 AI 一知半解的家长，如今也能熟练地运用 AI 工具，与孩子探讨 AI 的发展趋势和潜在影响。

更重要的是，在这个过程中，家长与孩子建立了更加紧密的联系，增进了亲子关系。一起面对问题、解决问题，分享彼此的想法和感受，孩子不再把家长当成高高在上的权威，而是可以共同探索、共同进步的伙伴。

这种共同学习的经历，对孩子的成长和家庭关系的和谐发展都有着深远的意义。它让孩子感受到家长的支持和陪伴，增强了他们的自信心和安全感；同时，也让家长更加了解孩子的兴趣和需求，为更好地引导和教育孩子提供了依据。

在未来的日子里，AI 技术将继续飞速发展，家长与孩子共同学习的脚步也不会停止。让我们珍惜每一次探索的机会，在 AI 的世界里，一起成长，一起创造更多美好的回忆，为孩子的未来奠定坚实的基础,让他们在科技的浪潮中勇敢前行,绽放属于自己的光芒。

14.2.2 如何鼓励孩子在 AI 辅助下自主学习?

在鼓励孩子借助 AI 自主学习时,首要任务是帮他们明晰 AI 的定位——它是学习的得力助手,而非取而代之的主角。AI 能提供海量信息,快速解答问题,还能根据孩子的学习情况提供个性化学习建议,大大提高学习效率。但它终究无法替代孩子自身对知识的深入思考与探索。

以写作学习为例,孩子写作文时,AI 可提供丰富的素材和创意启发。比如,孩子要写一篇关于春天的作文,AI 能给出描写春天景色、动植物变化的优美语句,还能提供不同的写作思路,如以游记形式展现春天的公园,或从歌颂春天生命力的角度展开。但真正的写作过程,从构思立意、组织语言到融入个人情感与独特见解,必须由孩子亲自完成。只有这样,才能锻炼他们的语言表达能力、逻辑思维能力和创造力,写出富有真情实感、独具风格的作文。若孩子一味依赖 AI 生成完整的作文,自己不动脑思考,写作能力便难以提升,甚至会养成偷懒、缺乏独立思考的不良习惯。

再看数学学习,AI 能快速给出数学题的答案和解题步骤。可孩子若只是照搬 AI 答案,不理解其中的原理和逻辑,那么在考试或遇到稍有变化的题目时就会束手无策。数学学习的关键在于培养逻辑思维和解决问题的能力,孩子需要通过自己的思考、分析和计算,去理解公式的推导过程,掌握解题方法,从而举一反三。

例如,在学习几何图形的面积计算时,AI 能直接给出面积公式和计算结果，但孩子只有亲自去推导公式，通过剪拼、转化等方法理解为什么三角形面积是"底乘以高除以2"，才能真正掌握知识，灵活运用。

在清楚了AI的辅助工具身份后，若在使用过程中没有明确的目标，孩子就会像一叶扁舟，迷失在信息的汪洋大海里，陷入信息过载的困境，这不仅无法达到预期的学习效果，甚至会得不偿失，让孩子感到困惑与疲惫，从而不愿学习。

所以，和孩子一起设定具体、明确、可衡量且切实可行的学习目标至关重要。

这里可以借鉴SMART原则：

目标必须具有具体性（Specific），像"提高数学成绩"就太过笼统，"本学期数学成绩提高10分"则清晰得多。

目标要具有可衡量性（Measurable），可以用具体的数据或成果来判断是否达成，比如每天背诵20个英语单词。

目标应具有可实现性（Attainable），结合孩子的实际能力和学习基础设定，要是孩子目前数学基础薄弱，期望他下次考试就考满分显然不现实。

目标得与学习内容呈相关性（Relevant），围绕孩子当下的学习任务和成长需求，若孩子正在学习物理电路知识，却设定提高绘画技巧的目标，就偏离了主线。

目标还需有明确的时间限制（Time-bound），如"一个月内完成英语语法的系统复习"。

具体性

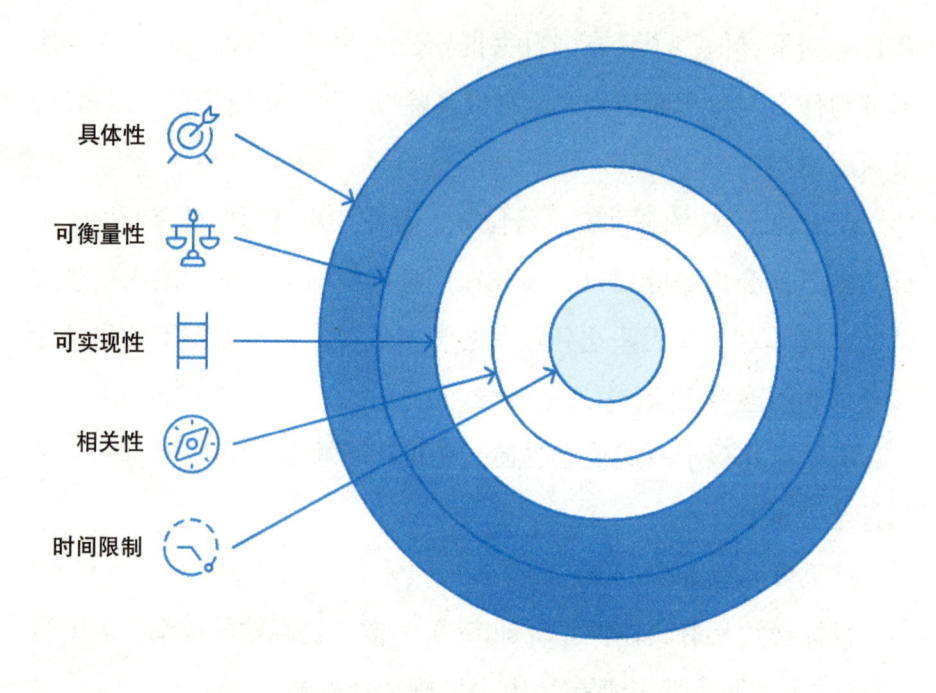

可衡量性

可实现性

相关性

时间限制

图 14-3　SMART 原则

　　除了遵循 SMART 原则，还可以借助任务分解表将大目标细化为小步骤。

　　例如，孩子计划完成一个关于生态环境的研究项目，家长可以先和孩子确定研究主题为"城市公园生态系统调查"，再将项目分解为确定调查公园、了解生态系统构成、设计调查方法、实地调查、分析数据、撰写报告等步骤。每一步都明确 AI 能提供的帮助，如利用 AI 搜索合适的调查公园及相关资料，借助 AI 设计调查问卷，用 AI 分析调查数据等。这样，孩子在使用 AI 时就有了清晰的路线图，AI 也能更精准地发挥辅助作用，助力孩子朝着目标稳步前进。

　　AI 虽能迅速给出答案，可如果孩子不假思索地全盘接受，直接依赖 AI 生成的答案，就会渐渐失去主动思考的动力，思维也会变得愈发懒惰，如同长期乘坐交通工具而不走路，腿部肌肉会逐渐萎缩一样。而且，AI 生成的答案并非百分百正确，受训练数据和算法局限，它可能出现错误、片面或过时的情况。若孩子缺乏质疑和验证能力，盲目相信 AI 答案，就容易被误导，形成错误认知。

确定主题
选择研究主题

分解任务
将项目分解为步骤

明确 AI 能提供的帮助
识别 AI 辅助

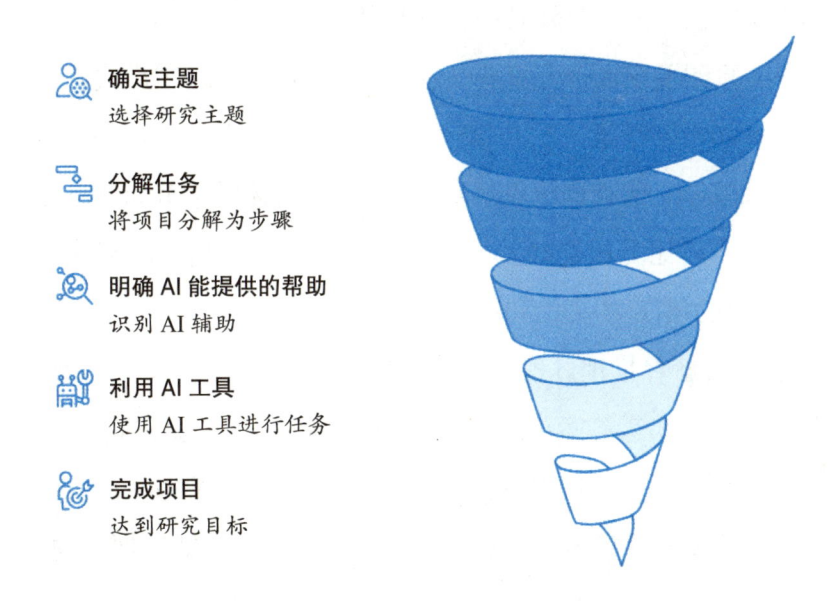

利用 AI 工具
使用 AI 工具进行任务

完成项目
达到研究目标

图 14-4　AI 辅助生态系统项目

所以，培养孩子的提问和思考能力是借助 AI 自主学习的关键。在孩子向 AI 提问前，鼓励他们先自行思考，尝试提出自己的初步想法和观点，哪怕不太成熟也没关系。

例如，孩子想了解植物的光合作用，先让他说说对光合作用已有的认识，为什么植物需要光合作用，猜测光合作用的过程是怎样的。有了这些思考基础，再向 AI 提问，就能更有针对性，也能更好地理解 AI 给出的答案。

追问是深入思考的利器。孩子得到 AI 答案后，引导他们进一步追问。比如，AI 给出"地球围绕太阳公转是因为太阳的引力"的答案，孩子可以追问"太阳的引力是如何产生的""这种引力对地球的运动轨迹具体有哪些影响"等问题。通过不断追问，孩子能挖掘知识的深层内涵，避免只知其一，不知其二。

交叉验证答案也十分重要。让孩子使用多个 AI 工具或信息源来验证同一问题的答案，不同 AI 可能基于不同的数据和算法，给出的回答会有差异。像查询历史事件，不同 AI 讲述的细节和侧重点或许不同，孩子对比分析这些差异，能更全面、准确地了解事件，同时也能学会甄别信息的真伪和优劣。

要求 AI 解释推理过程同样不可或缺。比如，孩子做数学题向 AI 求助，不仅要知道答案，还要让 AI 详细解释解题思路和推理过程。如果 AI 给出一道几何证明题的答案，孩子要问清楚每一步的依据是什么、为什么要这样做，通过理解推理过程，孩子能掌握解题方法，举一反三，以后再遇到类似题目就能独立解决。

鼓励孩子与 AI 携手完成学习任务，是激发他们创新思维与实践能力的绝佳途径，在项目式学习和创意写作等活动中，这种协作模式能展现出独特魅力。

在项目式学习里，孩子可以借助 AI 的强大功能，深度探究感兴趣的主题。比如，开展"城市交通拥堵问题研究"项目，孩子首先利用 AI 搜索引擎收集海量资料，如城市交通流量数据、拥堵时段分布、现有解决方案案例等。

接着，运用数据分析 AI 工具对这些数据进行整理和分析，绘制出直观的图表，清晰展示交通拥堵的规律和趋势。

在设计解决方案时，AI 能提供创新思路，与孩子共同探讨如何构建智能交通系统，如何优化信号灯时间、推广共享出行模式等。

通过这样的协作，孩子不仅能深入了解交通领域的专业知识，还能学会运用科学研究方法解决实际问题，在探索过程中不断迸发创新思维的火花。

创意写作领域同样如此，AI 可以成为孩子的创意伙伴。当孩子构思一篇科幻小说时，AI 能根据孩子输入的关键词和故事梗概，生成充满奇思妙想的情节和场景描述。

比如，孩子设定故事发生在遥远的未来星际，AI 可能会描绘出星际飞船在璀璨星空中穿梭的壮丽画面，以及外星生物独特的外貌和生活习性。

孩子可以以此为灵感源泉，结合自己的想象力，对 AI 生成的内容进行筛选、修改和完善，将个人情感和独特见解融入其中，创作出独具特色的科幻佳作。

这种人机协作的写作方式，打破了传统写作的思维局限，让孩子的创意得到充分释放，同时也提升了他们的写作技巧和文学素养。

AI 挑战任务

和孩子一起制定"AI 学习规则"

家长们不妨和孩子围坐在一起，像规划一场"学习探险"那样，共同商量如何让 AI 成为靠谱的伙伴。先从生活中的真实场景出发："写作文时，是先让 AI 给出思路，还是先自己列提纲？""数学题卡壳了，是立刻问 AI，还是先自己独立思考 10 分钟？"把这些问题摆到桌面上，和孩子一起讨论哪些时候该让 AI"帮忙"，哪些时候要靠自己"闯关"。比如可以约定"遇到历史事件先试着自己梳理时间线，再请 AI 补充细节"，让规则像一把钥匙，既打开 AI 的便利之门，又守护好独立思考的小天地。

小贴士： 制定规则时，不妨多举孩子熟悉的例子，让抽象的"合理使用"变得具体可感。比如聊到"内容筛选"，可以说："就像挑选水果要看看新鲜度，用 AI 查资料也要学会辨别——比如查'恐龙灭绝原因'，让 AI 同时列出科学家的不同观点，再和课本、纪录片对比一下，看看哪些说法更有依据。"最重要的是，规则不是单方面的要求，而是家长和孩子共同的约定，比如家长可以说："妈妈用 AI 写工作方案时，也会自己检查逻辑是否通顺，你监督我，我也监督你，好不好？"通过这样的互动，让规则成为孩子学习路上的指南针，既借助 AI 的力量，又不迷失自主学习的方向，真正让科技为成长赋能。

第 15 章

教师如何在课堂中用好 AI？

15.1 AI 驱动教学系统

教师能否用好 AI，直接关系到课堂教学的质量和学生的学习效果。教师作为课堂教学的组织者和引导者，若能熟练运用 AI 技术并将其巧妙地融入教学过程，就能为学生创造更加优质的学习体验，助力学生在知识的海洋中遨游；反之，如果教师对 AI 敬而远之，就可能错过提升教学效果的良机，无法满足新时代学生的学习需求。因此，掌握 AI 技术并将其运用到课堂教学中，已成为现代教师必备的技能之一。

15.1.1 精准教学：让 AI 成为因材施教的"读心术"

在传统的课堂教学中，教师往往采用统一的教学内容和方法，难以兼顾每个学生的学习进度和特点。而 AI 的出现，为解决这一难题提供了有效的途径。通过对学生学习数据的深入分析，AI 能够精准洞察每个学生的学习状况，成为教师因材施教的"读心术"。

AI 技术能够收集和分析多维度的学生学习数据，如课堂表现、作业完成情况、考试成绩、学习时长等。

以学习管理系统为例，它可以记录学生在平台上的每一次学习行为，包括点击的课程内容、观看视频的时长、参与讨论的频率等。

这些数据经过 AI 算法的深度挖掘和分析，能够呈现出学生的学习风格、知识掌握程度以及学习过程中的薄弱环节。基于对学生学习数据的精准分析，AI 可以为教师提供个性化的教学建议。

例如，对于在数学几何部分学习吃力的学生，智能推荐系统能够为教师推送针对此类学生的专项辅导资料，包括详细的知识点讲解视频、针对性的练习题以及相似题型的解题思路分析。教师可以根据这些建议，为学生量身定制教学计划，提供一对一的辅导，帮助学生突破学习瓶颈。

自适应学习平台也是实现精准教学的重要 AI 工具。这类平台能够根据学生的实时学习情况，动态调整教学内容和难度。当学生在某个知识点上表现出色时，平台会自动推送更具挑战性的内容，满足学生的学习需求；而当学生遇到困难时，平台则会降低难度，提供更多的基础知识讲解和练习，确保学生能够扎实掌握知识点。

例如，Knewton 自适应学习平台通过对学生学习数据的实时分析，为每个学生提供个性化的学习路径，帮助学生提高学习效率。据相关研究表明，使用 Knewton 自适应学习平台的学生，数学和阅读理解的成绩有显著提升。

在语言学习领域，AI 的精准教学作用也十分显著。智能语言学习软件能够通过分析学生的发音、语法使用情况，精准定位学生的语言学习短板，并提供有针对性的练习和反馈。

例如，英语流利说 App 利用 AI 技术，为用户提供口语评测、智能打分以及个性化的学习建议，帮助用户提高英语口语水平。用户在跟读单词或句子后，它会从发音、语调、语速等多个维度进行分析，指出用户的不足之处，并给出改进建议，同时还会根据用户的学习进度和薄弱环节推送相应的学习内容，如发音训练课程、语法专项练习等。

15.1.2 趣味互动：AI 为课堂注入活力因子

传统的课堂互动方式往往较为单一，难以充分激发学生的学习兴趣和积极性。而 AI 的出现，为课堂互动带来了全新的形式和活力，让课堂变得更加生动有趣，充满吸引力。

AI 生图功能为课堂教学增添了一抹亮丽的色彩。在语文课堂上，当讲解古诗词时，教师可以利用 AI 生图工具，根据诗词中的描述生成相应的画面。

例如，在讲解王维的《山居秋暝》时，教师可以借助 AI 生图工具，将"空山新雨后，天气晚来秋。明月松间照，清泉石上流"这几句诗所描述的画面转化为一幅宁静优美的秋夜山居图，将其栩栩如生地展现在学生眼前，帮助他们直观地感受诗词的意境，理解诗人所表达的情感。

在美术课上，教师可以让学生发挥想象，用文字描述自己心中的画面，然后借助 AI 生图工具将其呈现出来，激发学生的创造力和艺术灵感。

AR 技术和 VR 技术的应用，更是让学生仿佛置身于真实的场景之中，实现了沉浸式学习。

在历史课上，通过 AR 技术，学生可以穿越时空，"亲眼看见"历史事件的发生过程。例如，学习"赤壁之战"时，学生戴上 AR

> 帮我生成一幅画，中国古典山水画风格，描绘下面这首诗：空山新雨后，天气晚来秋。明月松间照，清泉石上流。

图片已创建

图 15-1　ChatGPT 生成古诗中的景色

> 帮我生成图片：清晨的校园

图 15-2　豆包生成"实景"图

设备，就能看到战场上硝烟弥漫、战船林立的壮观场景，感受战争的激烈和紧张，加深对历史知识的理解和记忆。

在地理课上，利用 VR 技术，学生可以身临其境地游览世界各地的名胜古迹、山川河流，了解不同地区的地理风貌和人文特色。比如，在学习地球的板块运动时，学生通过 VR 体验，能够直观地看到板块的碰撞、挤压和张裂，理解山脉、海沟等地形的形成原因。

智能体对话也是 AI 在课堂互动中的一大亮点。智能体可以模拟各种角色，与学生进行自然流畅的对话。

在英语课堂上，智能体可以充当外教，与学生进行英语口语交流，纠正学生的发音和语法错误，提供真实的语言环境。学生可以就日常生活、兴趣爱好、热门话题等与智能体展开对话，锻炼口语表达能力。

在科学课上，智能体可以扮演科学家，回答学生关于科学知识的疑问，引导学生进行科学探究。例如，学生询问关于宇宙大爆炸的问题，智能体可以详细地介绍宇宙大爆炸的理论、证据以及相关的科学研究进展，激发学生对科学的探索欲望。

这些 AI 驱动的趣味互动方式，极大地提升了学生的参与度和兴趣。学生们不再是被动的知识接受者，而是积极主动地参与到课堂学习中。他们在与 AI 的互动中，不断提出问题、探索答案，培养了创新思维和实践能力。而且，这种互动式的学习方式，还能增强学生的团队合作意识和沟通能力。比如，在小组合作完成 AR 或 VR 项目时，学生们需要共同讨论、分工协作，充分发挥各自的优势，以

> 宇宙大爆炸是如何发生的呢

🤖 关于宇宙大爆炸（Big Bang）的发生，现代宇宙学基于观测和理论提出了一个框架性的解释，但具体机制仍存在未解之谜。以下是目前科学界的主流观点和关键要点：

1. 什么是宇宙大爆炸？
- 宇宙大爆炸并非传统意义上的"爆炸"，而是指**时空和物质的起源**。大约 **138亿年前**，宇宙从一个极高温、极高密度的状态开始急速膨胀，逐渐形成我们今天看到的宇宙。
- 这一理论得到多项观测支持，如**宇宙膨胀**、**宇宙微波背景辐射（CMB）**、**轻元素丰度**（如氢、氦）等。

2. 大爆炸如何发生？
- **初始状态**：宇宙最初是一个体积无限小、密度和温度无限高的"奇点"（但"无限"可能只是当前物理理论的失效点，量子引力理论尚未完全解决这一问题）。
- **急速膨胀（暴胀）**：在极短时间内（约10^{-36}秒内），宇宙经历了指数级膨胀（"暴胀"），瞬间将微观尺度的量子涨落放大为宏观密度波动，这些波动后来形成了星系等结构。
- **冷却与结构形成**：随着膨胀，宇宙逐渐冷却，能量转化为物质：
  - 夸克-胶子等离子体 → 质子和中子形成（大爆炸后约1秒）。

图 15-3　DeepSeek 介绍宇宙大爆炸的发生

达到最佳的学习效果。

15.1.3　教学辅助：AI 助力教师减负增效

在教育领域，教师常常面临着繁重的工作任务，备课、批改作业、教学评估等工作占用了他们大量的时间和精力。而 AI 技术的出现，为教师提供了强大的教学辅助功能，有效减轻了教师的工作负担，提高了教学效率，让教师能够将更多的精力投入教学创新和学生的个性化指导中。

AI 备课工具

在备课环节，AI 可以成为教师的得力助手。以往，教师备课需要查阅大量资料，花费大量时间和精力进行教学设计和课件制作。如今，借助 AI 备课工具，教师只需输入课程主题和教学目标，AI 就能从海量的教学资源库中快速筛选出相关的教学素材，包括教学案例、教学视频、练习题等，并根据教学逻辑自动生成详细的教案和精美的课件。

例如，运用秘塔 AI 推出的"今天学点啥"功能，教师只需上传一份教学文稿，就能自动生成一节含有配音讲解、动态 PPT、SVG 动画、课后测试的完整微课，极大减轻备课负担。

以《论语精讲》为例，教师可以将准备好的 Word 文档上传到秘塔平台，系统将自动生成一节包含原文诵读、注释讲解、价值导向分析的国学课程，并通过动画和故事式讲述，使传统经典更易被学生理解与接受。

具体操作步骤如下：

步骤一：打开秘塔 AI，进入首页：https://metaso.cn，点击右上角蓝色横幅进入课程生成页面，或直接访问：https://metaso.cn/study。

步骤二：在页面中部点击"上传文件"按钮，选择你事先准备好的《论语精讲》Word 文档。

步骤三：上传成功后，系统跳转到"课程设置"界面：

・根据知识掌握程度，可以选择"初学者"或者"进阶者"等；

・关于讲课风格，可以选择"课堂"或"讲故事"等；

・点击"高级设置"可自定义语言风格、音频音色等，可以选择"女声"或"男声"，下面还有多种风格供选择。

步骤四：设置完成后点击"开始生成课程"，等待 1—2 分钟。

图 15-4 文件上传页面

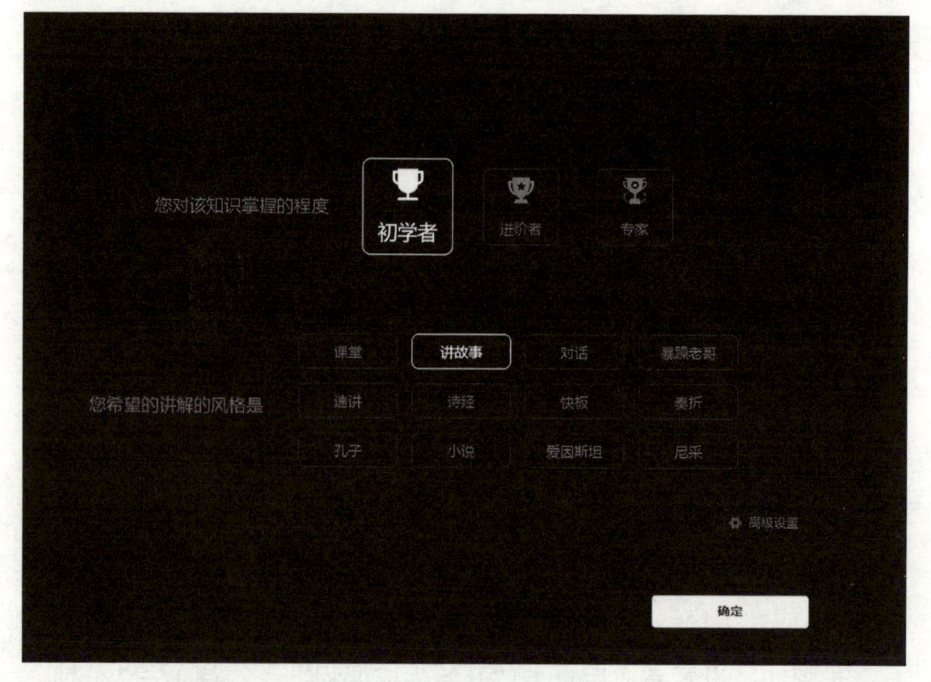

图 15-5 自定义设置

步骤五：系统将自动生成一节约 8 分钟的国学微课，可预览播放，用于教学展示或布置学生预习任务。

步骤六：课程完成后，点击"考考我"按钮，还能进入系统自动生成的课后练习。

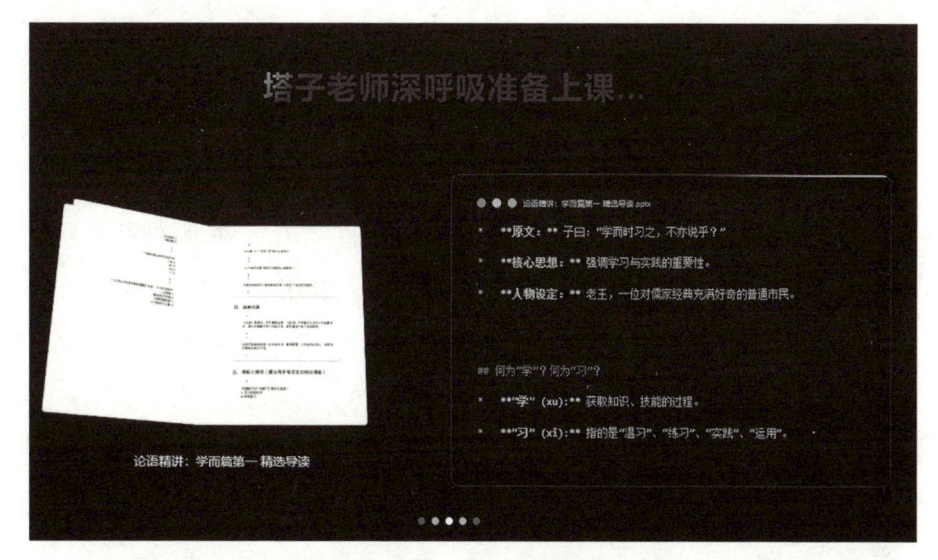

图 15-6　生成课程中

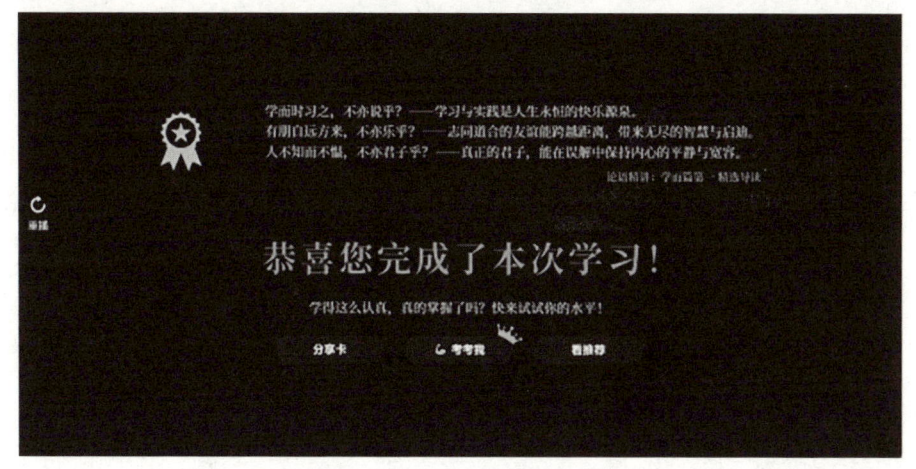

图 15-7　课程完成界面

借助这一功能，教师不但节省了课件制作时间，更能以轻松的方式激发学生对传统文化的兴趣，实现"一键备课＋沉浸授课＋测试巩固"的教学闭环。

AI 智能批改系统

批改作业是教师日常工作中一项烦琐而又重要的任务。传统的人工批改作业方式不仅耗时费力，而且容易出现疲劳和疏忽，影响批改的准确性。AI 智能批改系统的出现，彻底改变了这一现状。这些系统利用光学字符识别（OCR）技术和自然语言处理（NLP）技术，能够快速准确地识别学生的作业内容，并根据预设的答案和评分标准进行自动批改。无论是选择题、填空题、简答题还是作文，AI 都能给出相应的批改结果和评语。

以希沃智能阅卷解决方案为例，它可以实现对学生常规测试试卷的全卷智能批改，包括客观题和主观题，甚至对英语作文也能识别批改。批改完成后，系统还会对成绩进行多维度分析，生成详细的学情报告，帮助教师全面了解学生的学习情况，发现学生在学习过程中存在的问题和薄弱环节，从而有针对性地进行辅导和教学。

AI 教学评估

教学评估是教学过程中的重要环节，它能够帮助教师了解教学效果，发现教学中存在的问题，为教学改进提供依据。AI 在教学评估中也发挥着重要作用。通过对学生学习数据的全面采集和分析，AI 可以实现对教学效果的精准评估。

学习管理系统可以记录学生在课堂上的互动情况、课后作业的完成情况、考试成绩等多维度数据，AI 通过对这些数据的挖掘和分析，能够评估学生对知识的掌握程度、学习进度、学习态度等，还能预测学生的学习发展趋势，为教师提供有价值的教学反馈和建议。

例如，通过分析学生的作业和考试数据，AI 可以发现学生在哪些知识点上存在理解困难，哪些学生需要额外的辅导，教师可以根据这些信息及时调整教学策略，优化教学内容，提高教学质量。

15.1.4 技术融合：选择合适的 AI 工具

在 AI 技术蓬勃发展的当下，教师想要在课堂中充分发挥 AI 的优势，首先需要掌握如何选择合适的 AI 工具。市场上的 AI 工具种类繁多，功能各异，如何从中挑选出适合课堂教学的工具，成为教师面临的首要问题。

文心一言是百度公司推出的一款大型语言模型，具备强大的自然语言处理能力，在教学领域展现出了独特的应用价值。

在语文教学中，教师可以利用文心一言进行教案设计。只需输入课程主题、教学目标、教学重难点等关键信息，文心一言就能快速生成一份详细的教案，其中涵盖教学方法、教学步骤、课堂互动环节设计以及课后作业布置等内容，为教师节省了大量的备课时间。

在讲解古诗词时，教师还可以借助文心一言对诗词进行深度解读，分析诗词的创作背景、意境、艺术特色以及作者的情感表达，帮助学生更好地理解诗词的内涵。

例如，在学习李白的《将进酒》时，文心一言可以详细阐述这首诗所表达的诗人怀才不遇却又豪放洒脱的境界，以及诗中运用的夸张、比喻等修辞手法，让学生更深入地领略古诗词的魅力。

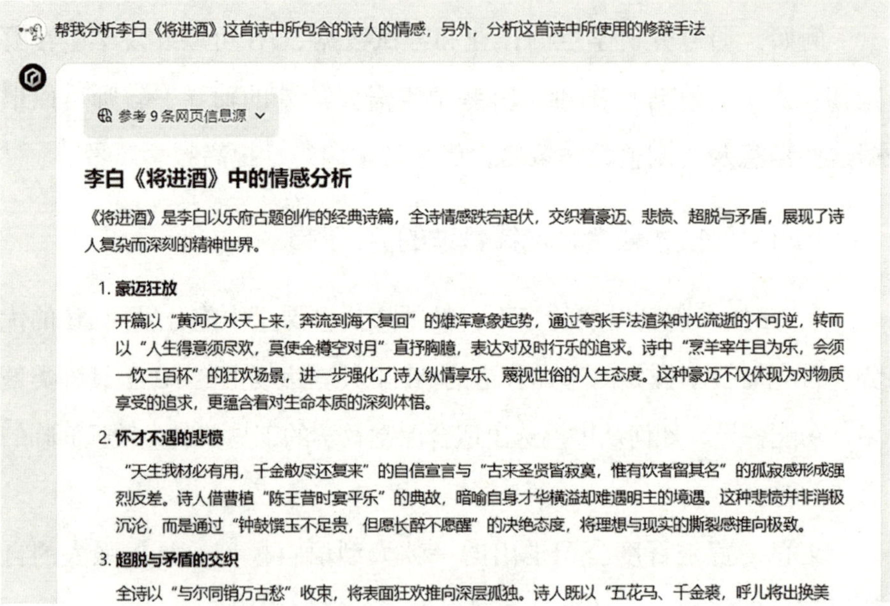

图 15-8 文心一言分析古诗

讯飞星火是科大讯飞基于认知大模型研发的 AI 工具，在教育领域有着广泛的应用。它的语音识别和合成技术十分出色，在英语教学中，教师可以利用讯飞星火进行口语训练。学生可以与讯飞星火进行对话，它能够实时纠正学生的发音错误，提供准确的发音示范和口语表达建议。

此外，讯飞星火还具备智能批改作文的功能，它可以对学生的英语作文进行语法错误检查、词汇使用评估以及文章结构分析，并给出详细的修改建议，帮助学生提高英语写作水平。

例如，当学生写完一篇英语作文后，将作文输入讯飞星火，它能够指出文中的语法错误，如主谓不一致、时态错误等，还能给出更丰富的词汇和表达方式，以及优化文章结构的建议，使作文更加通顺、连贯、富有逻辑性。

Khanmigo 是由可汗学院开发的基于 GPT-4 技术的人工智能辅导系统，主要用于为学生提供个性化辅导。在数学课堂上，当学生遇到难题时，Khanmigo 可以作为智能辅导助手，通过互动，逐步引导学生思考下一步解题思路。它会根据学生的回答动态调整提问策略，有针对性地提问，帮助学生理清解题的关键步骤，培养学生独立思考和解决问题的能力。

例如，在解决几何证明题时，Khanmigo 会先询问学生对相关定理的理解，然后根据学生的回答，提示学生如何运用定理进行推理，直到学生找到解题方法。

在语言学习方面，Khanmigo 可以帮助学生进行写作练习，对学生的作文进行语法、词汇和结构等方面的分析，并给出改进建议；还能模拟语言环境，与学生进行口语对话，纠正发音，提高学生的口语表达能力。

在选择 AI 工具时，教师需要综合考虑多个因素。工具的功能要与教学目标和学科特点相契合，比如语言学习类工具要具备强大的语言交互和批改功能，数学教学工具要能辅助解题和提供个性化学习路径。工具的易用性也至关重要，操作界面应简洁明了，便于教师和学生使用。此外，还需考虑工具的安全性和隐私保护措施，确保学生的个人信息和学习数据不被泄露。同时，教师还可以参考其他教育工作者的使用经验和评价，了解工具在实际教学中的效果，以便做出更合适的选择。

15.1.5　素养提升：教师拥抱 AI 的必备技能

在 AI 深度融入教育的大趋势下，教师想要充分发挥 AI 在课堂中的优势，提升自身的数字素养和 AI 应用能力成为当务之急。这不仅关系到教师能否高效地运用 AI 工具开展教学，更影响着学生的学习体验和学习效果。

教师需要深入学习 AI 技术的基本原理和应用场景

了解机器学习、深度学习等 AI 核心技术的运作机制，有助于教师更好地理解 AI 工具的功能和局限性。

例如，在使用智能辅导系统时，教师若明白其背后的算法是如何根据学生的学习数据进行分析和推荐的，就能更合理地利用该系统为学生提供有针对性的辅导。通过参加专业培训课程、利用在线学习平台、研读相关学术文献，教师可以系统地掌握 AI 技术知识，拓宽技术视野。一些高校和教育机构开设了专门的 AI 教育课程，教师可以报名参加，深入学习 AI 在教育领域的应用案例和实践经验。同时，关注 AI 领域的最新研究成果和发展动态，及时了解新技术、新工具的出现，以便在教学中引入最前沿的 AI 应用。

熟练掌握各种数字工具是教师用好 AI 的基础

教学软件、在线课程平台、智能教学设备等数字工具，为教师的教学工作提供了丰富的资源和便捷的手段。教师要熟悉这些工具的操作方法，能够灵活运用它们开展教学活动。

例如，教师可以通过在线课程平台发布教学资料、组织学生开展在线学习和讨论；借助智能教学设备，如智能白板、互动投影仪等，打造更具互动性的生动课堂。

此外，教师还应掌握一些数据处理和分析工具，对学生的学习数据进行收集、整理和分析，从而更好地了解学生的学习情况，为教学决策提供依据。

像 Excel 这样的常用数据处理软件，教师可以通过学习掌握其高级功能，如数据透视表、函数计算等，对学生的成绩进行深入分析，挖掘数据背后的信息。

培养创新思维是教师将 AI 与教学深度融合的关键

教师要敢于突破传统教学思维的束缚，积极探索 AI 技术在教学中的创新应用与方法。

尝试将 AI 技术与项目式学习、探究式学习等教学模式相结合，为学生创造更加富有挑战性和创新性的学习环境。

例如，在开展项目式学习时，教师可以利用 AI 工具帮助学生进行资料收集和分析，引导学生运用 AI 技术解决实际问题，培养学生的创新能力和实践能力。

鼓励学生利用 AI 工具进行创意表达和作品创作，如使用 AI 绘画工具创作艺术作品、利用 AI 编程工具开发小程序等，激发学生的学习兴趣和创造力。

同时，教师自身也要不断创新教学方法，根据不同的教学内容和学生的特点，灵活运用 AI 技术，打造个性化、多样化的课堂教学。

事实证明，AI 为课堂带来了前所未有的机遇和变革。教师作为教育的核心力量，在 AI 时代应积极拥抱变革，不断提升自身的数字素养和 AI 应用能力，通过持续学习和实践，更好地利用 AI 技术创新教学方法，设计出更具吸引力和实效性的教学活动，为学生的成长和发展提供更有力的支持。与此同时，利用 AI 技术，带领学生开展项目式学习、探究式学习等创新教学活动，培养他们的创新思维和实践能力。

15.2　AI 课堂教学实践

15.2.1　如何利用 AI 进行课堂互动，提高学习效率？

在传统的课堂教学模式中，互动方式往往较为单一，大多局限于教师提问、学生回答、小组讨论等常规形式。这种模式虽然有其价值，但随着教育理念的更新和技术的发展，逐渐显现出局限性，难以充分满足学生多样化的学习需求及有效激发其学习兴趣。而 AI 的出现，为课堂互动带来了新的生机与活力，为提高学习效率开辟了新的路径。

AI 助力情境创设

在课堂教学中，情境创设是吸引学生注意力、激发学生学习兴趣的关键环节。借助 AI 工具，教师能够轻松创建出生动逼真、富有感染力的教学情境，将抽象的知识转化为直观、形象的场景，让学生仿佛身临其境，从而加深对知识的理解和记忆。

以古诗词教学为例，以往学生理解古诗词往往只能依靠文字描

> 帮我生成图画，风格是实景图，画面中是《望庐山瀑布》中"飞流直下三千尺，疑是银河落九天"的景象

图片已创建

图 15-9　ChatGPT 生成的古诗画面

述和教师讲解，难以真正感受其中的意境和情感。如今，教师可以利用 AI 绘画工具，根据诗词内容生成精美的画面。

例如，在教授《望庐山瀑布》时，AI 能绘制出红日映照下，庐山瀑布从高处飞泻而下，气势磅礴，溅起层层水雾的壮观景象，让学生直观地感受到"飞流直下三千尺，疑是银河落九天"的磅礴气势；也可以使用 AI 视频生成工具，将诗词中的场景动态化，配上合适的音乐和朗诵，为学生打造沉浸式的学习体验，让学生更容易体会诗人的情感，感受古诗词的魅力。

通过这样的情境创设，学生对古诗词的学习兴趣明显提高，理解也更加深刻。

小组协作新方式

小组协作是培养学生团队协作能力和沟通能力的重要方式，AI 协作平台为小组作业提供了全新的协作方式，使小组协作更加高效和有序。

在共同完成一个项目时，小组成员可以利用 AI 协作平台进行任务分配。平台会根据每个成员的学习能力、特长以及时间安排等因素合理分配任务，确保每个环节都能由最合适的成员负责。

例如，在完成一个历史研究项目时，擅长收集资料的同学负责收集相关历史资料，写作能力强的同学负责撰写报告，而具有设计天赋的同学则负责制作 PPT。

同时，AI 协作平台还能实时跟踪任务进度，成员们可以随时了解项目的整体进展情况以及每个成员的任务完成状态。一旦某个环节出现延误或其他问题，平台会及时发出提醒，方便小组成员共同协商解决。

在协作过程中，成员之间还可以通过平台进行实时沟通和交流，分享想法和资料，共同攻克难题。这种新的小组协作方式，不仅可以提高小组作业的质量和效率，还可以培养学生的团队协作与沟通能力，为他们未来的学习和工作打下坚实的基础。

智能问答与即时反馈

小组讨论是课堂学习的重要环节，在这个过程中，老师将学习的主导权交给了学生，知识不再只是以老师讲授、学生听讲的方式进入学生的脑袋，而是通过学生之间的观点交流、自主辩论等方式被学生掌握，并且这种方式可以让学生加深对相应知识点的理解和记忆。

不过，小组讨论同样有缺点，一般而言，课堂上往往只有一位老师，而小组讨论是同时进行的，这就意味着如果多个小组出现问题，总会存在其他几个小组无法及时得到解答的情况。

AI 聊天机器人和智能答题系统的出现，为解决这一问题提供了有效的途径。它们能够实现即时答疑和反馈，就像学生随时拥有一位专属的辅导老师。

15.2.2　如何让 AI 辅助个性化教学，满足不同学生的需求？

每个学生都是独一无二的个体，具有不同的学习风格、兴趣爱好、知识基础和学习能力。在传统的教学模式中，教师往往采用

"一刀切"的教学方法，难以满足每个学生的学习需求。而 AI 技术的发展，为实现个性化教学提供了有力的支持，能够根据每个学生的特点和需求，提供定制化的学习方案和指导，真正做到因材施教。

精准分析学情

全面而精准的学情分析是实现个性化教学的基础，AI 技术在这方面展现出了强大的优势。通过各类智能学习平台和工具，AI 能够广泛收集学生在学习过程中产生的多维度数据，包括课堂表现、作业完成情况、考试成绩、在线学习行为等。这些数据如同学生学习状况的"全息影像"，为深入了解学生的学习情况提供了丰富的素材。

以智能学习平台为例，它能详细记录学生的答题时间、答题准确率、对不同知识点的复习频次等信息。通过对这些数据的深入分析，AI 可以精准洞察学生对各个知识点的掌握程度，明确哪些知识点已经熟练掌握，哪些还存在理解误区或薄弱环节。

例如，在数学学习中，如果学生在函数部分的答题错误率较高且耗时较长，AI 就能判断出该学生在函数知识理解和应用上存在困难，进而为后续的个性化教学提供明确的方向。

同时，借助情感分析技术，AI 还能从学生的在线讨论发言、学习反馈等非结构化数据中挖掘出学生的学习态度、兴趣点和情绪状态。

例如，如果学生在讨论历史文化相关话题时积极踊跃，就可以判断出学生对历史文化类知识有较高的兴趣，教师在教学中便可以适当引入相关内容，激发学生的学习热情。

定制学习路径

在精准分析学情的基础上，AI 能够为每个学生量身定制专属的学习路径。根据学生的知识水平、学习目标和兴趣爱好，AI 会从海量的学习资源中筛选出最适合学生的内容，并合理安排学习的顺序和进度，确保学习计划既符合学生的实际情况，又具有一定的挑战性，能够有效激发学生的学习动力。

不同水平的学生在学习英语时，AI 制定的学习路径会有显著差异。对于英语基础薄弱的学生，AI 会优先推荐基础的语法知识讲解视频、简单的词汇背诵任务以及基础的听力和口语练习材料，帮助学生夯实基础。在学习进度上，会适当放慢节奏，增加基础知识的练习和巩固时间，确保学生能够扎实掌握每一个知识点。

例如，先从 26 个英文字母的发音和书写开始，逐步过渡到简单的单词和短语，再到基础的句型和对话。

而对于英语水平较高的学生，AI 则会侧重于提供更具挑战性的学习内容，如英语原著阅读、高级语法解析、英语新闻听力和口语表达练习等，以拓展学生的知识面，提升语言运用能力。在学习进度上，会加快节奏，鼓励学生进行更深入的学习和思考。

例如，推荐学生阅读《傲慢与偏见》《简·爱》等经典英文原著，并要求学生撰写读书笔记和进行主题讨论，提升学生的阅读理解和批判性思维能力。

分层教学与个别辅导

AI 支持下的分层教学能够根据学生的学习能力和水平，将学生分为不同的层次，为每个层次的学生设计不同难度和侧重点的教学内容和任务，使教学更具针对性。同时，对于学习困难的学生，AI还能提供一对一的个别辅导，帮助他们克服学习障碍，跟上学习进度。

在语文写作教学中，教师可以借助AI将学生分为基础层、提高层和拓展层。

基础层的学生，AI会提供一些简单的写作模板和范文，让学生进行模仿写作，重点训练他们的基本表达能力。

例如，给出"我的一天"这样的简单主题，提供包含起床、上学、上课、放学等日常活动的写作框架，让学生填充具体内容，帮助他们掌握基本的写作结构。

提高层的学生，AI则会要求他们在掌握基本写作技巧的基础上，注重文章的逻辑性和内容的丰富性，提供一些优秀的范文供学生分析和借鉴，并引导学生进行素材积累和写作思路拓展。

例如，给出"我的梦想"的主题，引导学生从梦想的起源、实现梦想的途径以及梦想对自己的意义等方面进行思考和写作，鼓励学生运用比喻、拟人等修辞手法增强文章的感染力。

拓展层的学生，AI会鼓励他们进行创新写作，尝试不同的文体和风格，培养他们的文学鉴赏能力和创作能力。

例如，让学生尝试创作诗歌、小说等文学体裁，引导学生关注社会热点和生活感悟，挖掘独特的写作素材，展现自己的个性和才华。

对于在写作过程中遇到困难的学生，AI会通过智能辅导系统，针对学生的具体问题提供个性化的指导和建议，帮助学生提高写作水平。

15.3 AI 教师培训指南

15.3.1 教师如何提升 AI 应用能力？

提升认知，夯实基础

教师若想在教学中灵活运用 AI，就需要深入理解其基本原理与技术类型。机器学习作为 AI 的核心领域，是一种极为强大且富有潜力的技术。通过复杂精妙的算法，计算机如同一位不知疲倦的求知者，从海量的、繁杂无序的数据当中，耐心地挖掘和学习其中隐藏的规律。这些规律一旦被掌握，计算机便能实现对未知数据的精准预测与科学合理的决策。

在智能教学系统里，机器学习算法更是大显身手。它能够仔细剖析学生的学习数据，这些数据涵盖了学生日常作业的完成情况、课堂上的互动表现、考试成绩的波动变化等多方面。通过对这些数据的深度分析，机器学习算法可以精准地分析出学生独特的学习习惯，比如是喜欢在清晨学习还是在夜晚学习，是擅长视觉记忆还是听觉记忆等，以及学生在知识掌握上的薄弱环节，如对数学的某个章节理解困难，或者在语文的文言文解析上存在问题等，进而为教师提供极具针对性的教学建议。

自然语言处理则专注于让计算机理解和生成人类语言，它宛如一座桥梁，跨越了计算机与人类沟通的鸿沟，使智能语音助手、智能翻译工具等得以广泛应用。

以智能语音助手为例，学生可以向它提出学习上的疑问，它能迅速理解并给出准确解答，就像身边随时待命的私人学习顾问。

智能翻译工具对于学习外语的学生来说更是不可或缺，无论是阅读外文文献还是进行口语交流，都能借助它快速准确地实现语言转换。

教师可以基于自然语言处理技术开发智能辅导系统，这个系统可以根据学生输入的问题，理解其意图，运用丰富的知识储备，帮助学生解决语言学习中的问题，无论是对语法的困惑、词汇的辨析还是写作的难题，都能给予专业而有效的指导。

此外，教师还应了解 AI 在教育领域的常见应用形式，如智能辅导系统能够根据学生的问题提供实时解答和个性化学习建议。当学生在学习过程中遇到难题时，智能辅导系统会如同经验丰富的教师一般，迅速给出详细的解答步骤和思路引导，同时根据学生过往的学习情况，给出更适合学生的学习建议，比如推荐相关的学习资料、提供针对性的练习题等。

个性化学习平台可以根据学生的学习进度和能力，为其定制专属的学习路径和资源。每个学生的学习节奏和知识掌握程度都有所不同，个性化学习平台能够精准识别这些差异，为学生规划出最适合自己的学习路线，提供难度适宜、内容匹配的学习资源，这些应用形式为教师的教学提供了新的思路和方法。

技能培养，实操先行

参加专业培训课程是教师提升 AI 技能极为关键且行之有效的重要途径。当下，众多知名高校凭借其雄厚的学术资源和专业的师资团队，开设了一系列深度与广度兼具的专门针对教师的 AI 培训课程。这些课程不仅涵盖了 AI 基础知识，从人工智能的起源、发展历程到核心技术原理，深入浅出地为教师们进行讲解，还精心融入教学应用案例分析，将实际教学场景与 AI 技术紧密结合。例如，分析在语文阅读教学中如何利用 AI 辅助学生进行文本理解，在数学解题教学中如何借助 AI 工具为学生提供个性化的解题思路引导等。

同时，实践操作环节更是不可或缺，教师通过在模拟教学环境中反复演练，切实掌握 AI 工具的使用方法。如利用智能教学软件分析学生的学习数据，其中涉及对学生日常学习行为数据的全方位收集，包括课堂互动参与度、作业提交时间与完成质量等，进而精准制订出更贴合学生需求的个性化教学计划。

参与线上线下讲座、工作坊也是极不错的选择。

在线上讲座中，教师突破地域限制，足不出户就能与来自世界各地的 AI 教育领域专家进行实时交流，聆听他们分享最新的研究成果和实践经验，了解 AI 在全球教育领域的前沿应用成果和未来发展趋势。

而线下工作坊则提供了面对面交流的机会，教师能够与同行围坐一堂，共同探讨在实际教学过程中遇到的问题与解决方案。

在这些活动中，教师还会精心准备实际应用案例。以某智能教学软件为例，教师在参加相关培训后，利用该软件的数据分析功能，对学生的作业完成情况进行细致入微的分析，不仅关注完成率，还对作业中出现的错误类型进行分类统计；对考试成绩更是进行多维度剖析，通过成绩分布、各题型得分情况等数据深入挖掘学生在知识掌握上的薄弱环节。

当发现学生在某个知识点上的理解存在困难，如在物理学科中对牛顿第二定律的理解出现偏差，教师便可以有针对性地调整教学策略，采用多样化的教学方法，如引入动画演示、实际生活案例类比等，加强对该知识点的讲解和练习。

思维转变，协同共进

在飞速发展的 AI 时代，教育领域正经历着深刻变革，教师亟须实现从传统教学思维向人机协同思维的重大转变，真正将 AI 视作教学过程中不可或缺的得力助手。

在课堂讨论这一关键环节，教师完全能够借助 AI 所提供的海量资料，引导学生开展更为深入的思考与探究。

例如，当讲解历史事件时，AI 不仅能够精准地提供相关的历史文献，这些文献涵盖了从古代典籍到近现代学术研究成果，还能呈现丰富多样的历史图片，从古老的手绘地图到珍贵的历史照片，以及生动直观的视频资料，从纪录片到影视剧中的历史场景重现。教师要充分发挥主导作用，引导学生针对这些资料展开细致的分析与热烈的讨论，在这个过程中，着力培养学生的批判性思维和创新能力，鼓励学生大胆质疑、勇于提出独特见解。

人机协同教学模式所带来的显著优势还体现在能够大幅提高教学效率。AI 凭借其强大的数据处理能力，可以高效地完成一些重复性的工作，比如作业批改，AI 能够快速识别答案的对错，甚至对学生的解题思路进行初步分析；还有成绩统计，它能迅速整理出各类成绩数据，并生成详细的报表。如此一来，教师便能从这些烦琐的工作中解脱出来，拥有更多的时间和精力去关注学生的个性化发展。

伦理学习，严守底线

AI 在教育领域的应用呈现出越发广泛且深入的态势，各类智能教学工具、智能辅导系统以及基于 AI 的评估平台等不断出现。然而，与之相伴的是一系列日益凸显的伦理问题。在这样的大背景下，教师作为教育活动的关键执行者，必须积极主动地学习 AI 伦理知识，以此来确保 AI 在教育场景中的应用能完全符合道德和法律规范。

毫无疑问，保护学生数据隐私是重中之重。在如今这个数字化时代，学生的个人信息和学习数据包含了大量的隐私内容，如学习成绩、学习习惯、兴趣爱好等。教师在使用 AI 教学工具时，要从多个层面确保这些数据的安全。

一方面，要选用具备完善的数据加密功能的教学工具，从技术层面防止数据在传输和存储过程中被窃取；另一方面，要建立严格的数据访问权限机制，只有经过授权的人员才能查看和处理学生数据，严格遵守相关的数据保护法规，像《通用数据保护条例》（GDPR）等，从制度层面保障学生数据不被泄露和滥用。

保证 AI 应用的公平公正也至关重要。AI 算法是基于大量的数据进行训练的，而这些数据可能存在偏差，进而导致算法偏见。这种偏见可能会给予学生不公平的评价和对待，例如在智能评估系统中，可能会因为学生的性别、种族、家庭背景等因素而产生偏差。

在使用 AI 评估学生的学习情况时，教师要从源头上仔细审查评估标准和算法。要对训练数据进行全面的分析和清洗，去除其中可能存在的偏见数据；同时，要邀请多领域的专业人士，如教育专家、数据科学家、伦理学家等，共同对评估标准和算法进行评估和优化，确保其客观合理，不会因为学生的非学习能力相关因素而产生不公正的评估结果。

15.3.2 如何在教学中科学引入 AI，提高教学质量？

精准分析学情，定制教学方案

教师可借助功能强大且日益普及的 AI 工具，深入细致地分析学生的学习数据。这些数据涵盖的范围极为广泛，其中包括学生的考试成绩，如单元测试、期中期末考试成绩等，用分数直观展现学生对知识的整体掌握程度；作业完成情况，不仅包含作业的完成率，还涵盖作业的准确率、完成时长以及对难题的攻克情况等，以此洞察学生对知识的消化吸收能力；课堂表现则囊括了学生的出勤情况、课堂互动活跃度，如主动回答问题的次数、参与小组讨论的积极性，还有在课堂上的专注度等多个维度，全方位、精准无误地反映学生真实的学习状况和独特的学习特点。

通过对这些丰富且繁杂的数据进行深度挖掘和专业分析，教师能够清晰了解每个学生的学习进度，知晓其处于知识体系中的哪个阶段，是刚接触新知识的入门阶段，还是已经熟练掌握开始拓展提升的阶段；明确学生对知识的掌握程度，具体到每个知识点的理解深度和运用能力；洞悉学生的学习习惯，是喜欢课前预习、课后复习，还是习惯"临时抱佛脚"，是擅长通过做笔记辅助学习，还是依靠反复诵读来加深记忆；能挖掘出学生的兴趣爱好，判断学生是对文学艺术感兴趣，还是更钟情于数理逻辑。基于这些全面的了解，教师便可以为不同学生量身定制个性化的教学方案。

对于学习能力较强、思维敏捷且求知欲旺盛的学生，教师可以提供更具深度和挑战性的拓展内容，比如推荐高难度的学术文献、引导参与科研项目雏形的探究活动，充分激发他们无限的潜力，让他们在知识的海洋中尽情遨游。

对于学习基础薄弱、在学习上存在较多困难的学生，则可以从最基础的概念、定理入手，从简单的习题逐步过渡到复杂的习题，通过耐心细致的讲解、反复的练习，逐步巩固他们的学习根基，帮助他们重新建立学习的信心和兴趣。

以在线学习平台为例，其运用先进的 AI 算法深入分析学生的答题数据。

在分析过程中，通过对海量答题数据的比对、筛选和深度挖掘，发现部分学生在数学函数部分存在理解困难，具体表现为对函数的概念理解模糊、在函数图像绘制和函数性质运用上频繁出错。

教师根据这一精准的分析结果，迅速为这些学生精心挑选了针对性的辅导资料，这些资料从函数的基本概念讲起，以生动形象的例子帮助学生理解，还配备了由易到难的练习题，从简单的函数求值到复杂的函数综合应用，全方位帮助他们攻克这一学习难点，使学生在后续的学习中对数学函数的掌握程度有了显著提升。

丰富教学资源，创新教学形式

AI为教师提供了获取海量教学资源的便捷途径，这些资源涵盖了丰富多样的类型，其中图文资源不仅包含精美的图片，还搭配了简洁明了、逻辑清晰的文字说明，无论是讲解历史事件，还是展示数学公式推导的步骤，都能精准匹配教学内容。

音视频资源更是丰富，包含生动有趣的动画视频，能把枯燥的知识以活泼的形式展现，还有专业人士录制的讲解音频，在学生课后复习时提供清晰的知识解读，能够全方位满足不同学生的学习需求和学习风格。

教师可以利用AI搜索引擎，凭借其强大的算法和智能筛选功能，快速找到与教学内容相关的优质资源，这些资源经过严格的质量把控和分类整理，大大节省了教师筛选素材的时间。

教师还可以运用AI技术创新教学形式，利用VR技术和AR技术创建沉浸式学习环境，让学生身临其境地感受知识的魅力。

在地理课上，教师可以借助VR技术，通过精心设计的程序，带领学生"游览"世界各地的名胜古迹，让学生仿佛置身于巴黎埃菲尔铁塔之下，感受钢铁建筑的宏伟；又似漫步在埃及金字塔旁，领略古老文明的神秘，让学生直观地了解不同国家和地区的地理风貌和文化特色。

在生物课上，AR 技术可以将微观的生物细胞结构以立体的形式呈现在学生眼前，通过不同颜色的标识和动态展示，帮助学生清晰地分辨细胞的各个组成部分，更好地理解生物学知识。

智能辅助教学，提高教学效率

AI 在教学领域的深入应用，宛如一场及时雨，为教师节省了相当可观的时间和精力。

以自动批改作业功能来说，它借助先进的算法和庞大的数据库，能够在短短几分钟内对学生提交的作业进行极为快速且精准的批改。完成批改后，还会生成一份详尽的分析报告，这份报告不仅清晰列出学生做错的题目，还深入剖析错误原因，比如是对知识点理解有偏差，还是粗心大意，让教师能在第一时间全面、深入地了解学生对知识的掌握情况。

智能答疑系统更为方便，学生在学习过程中一旦遇到疑惑，无论是白天课间休息，还是晚上在家做作业时，只要通过相关设备连接到系统，就能随时提出问题，系统会迅速匹配最佳答案，为学生提供即时、有效的帮助，宛如一位随叫随到的专属辅导老师。

教学评价功能也不容小觑，它从教学内容的呈现方式、学生课堂参与度、课后作业完成质量等多个维度，运用科学的评价模型对教学效果进行评估，为教师提供客观、全面、细致的教学反馈，让教师清晰知晓教学过程中的优势与不足。

这些智能辅助教学工具的广泛应用，就像是为教师打开了一扇全新的大门，使教师无须再将大量时间耗费在重复性的批改作业和基础答疑工作上，能够把更多时间和精力投入精心设计教学方案中，比如思考如何设计更有趣、更具启发性的教学活动，如何运用多样化的教学手段激发学生的学习兴趣；投入对学生一对一的深入指导中，针对每个学生的特点和学习状况，提供个性化的学习建议和方法，从而全方位提高教学质量。

持续评估反馈，优化教学过程

教师可以借助先进的 AI 技术，全方位、多维度地收集学生的学习反馈信息。这些反馈信息涵盖了学生对教学内容各个章节、各个知识点的理解程度，是一知半解还是透彻明晰；还涉及学生对教学方法的满意度，如是喜欢传统的讲授式教学，还是更倾向于小组讨论、项目式学习等新兴教学方式。

基于这些丰富且详细的反馈信息，教师能够深入了解教学效果，精准地判断教学中存在的问题，进而及时调整教学策略和方法。比如，若发现学生对抽象概念理解困难，就可以引入更多形象生动的实例；要是学生对单一的讲解感到乏味，便增加互动环节。

通过这样的调整，不断优化教学过程，形成一个从反馈收集到策略调整，再到教学改进，最后获取新反馈的良性的教学闭环。

AI 还具备强大的功能，能够对学生的学习过程进行实时监测。它可以追踪学生的学习进度，分析学生完成作业的情况及测试时的答题情况，从做题的速度、正确率以及错误类型等方面，敏锐地发现学生的学习问题和潜在风险。一旦察觉学生在某个知识点上频繁出错，或者学习状态出现波动，就立即采取干预措施。这些措施可以是为学生推送针对性的学习资料，提供个性化的辅导建议，或者安排一对一的线上答疑，帮助学生克服困难，逐步提高学习成绩。

举个例子，一位老师利用功能完备的 AI 教学平台收集学生的学习反馈信息，在分析数据时，发现大部分学生对某一知识点的理解存在偏差。于是，该教师迅速做出反应，及时调整了教学方法，摒弃了以往较为枯燥的理论讲解，转而采用了更多丰富多样的案例，通过实际案例分析，让抽象的知识变得具体易懂。

同时，增加了互动式教学环节，组织学生开展小组讨论、角色扮演等活动，充分调动学生的积极性，让学生在互动中加深对知识的理解，最终帮助学生更好地理解了该知识点。

总的来说，将 AI 应用于教学已经是一个不可逆的趋势，并且随着技术的进步，AI 在传授知识、答疑解惑、提供方法等方面的作用越来越大，提升 AI 应用能力，已成为教师适应时代发展、提升教育质量的关键所在。通过提升认知、培养技能、转变思维和学习伦理知识，教师能够更好地掌握 AI 技术并将其融入教学中。在教学中科学引入 AI，能精准分析学情、丰富教学资源、智能辅助教学以及获取持续评估反馈，为提高教学质量提供了有力保障。

因此，老师们，勇敢地拥抱 AI 吧！以积极的态度、开放的心态不断学习和实践，充分发挥 AI 的优势，为学生提供更优质、更个性化的教育，共同开创教育的美好未来。

AI 挑战任务

让 AI 成为教学的"智慧助手"

老师们,不妨试着让 AI 深度参与你的教学过程,开启一场"智能教学探索"吧!首先,挑选学科,如初中数学或高中英语,尝试用 AI 分析学生的作业、测试数据,挖掘隐藏的学情信息。例如,AI 可以统计出全班在"二次函数图像变换"或"英语虚拟语气"上的错误率,甚至细化到每个学生的薄弱点——有的因概念混淆出错,有的因计算步骤疏漏丢分。接着,利用这些数据设计分层教学方案:为基础薄弱的学生生成针对性的概念解析动画,为能力较强的学生推送拓展应用题。在课堂上,还可以让 AI 扮演"智能小助教"。例如,用 AI 生成随机提问,引导学生实时互动,或者根据课文内容自动生成情景对话,让英语课堂更生动。最重要的是,在使用 AI 辅助教学时,要有意识地向学生示范"人机协作"的正确方式:"同学们,AI 帮我们找到了易错点,但要真正理解概念还需要大家动手推导,就像医生用 CT 扫描定位病灶,最终的治疗方案仍需要专业人员判断。"

小贴士: 在探索过程中,老师们可以这样做:当 AI 生成教学方案时,别急着全盘采纳,先对照自己的教学经验打几个"问号"——AI 推荐的数学练习题是否符合班级实际进度?英语作文批改建议是否忽略了学生的个性化表达?就像厨师参考食谱但会根据食材调整口味，老师也需要用教学智慧"校准"AI 的建议。带领学生使用 AI 工具时，记得多问几个引导性问题："这个语法解析是 AI 根据大数据生成的，你能结合课本例句说说它的优点和不足吗？""当 AI 给出历史事件的多种解读时，我们可以通过哪些史料验证真伪？"通过这种方式，引导学生在接触 AI 时，自然养成"先思考、再验证"的习惯。此外，不妨创建一个"AI 教学反馈本"，记录使用过程中的小发现："今天 AI 推荐的古诗动画让课堂气氛活跃，但部分解读与教材注释有差异，下次需要提前审核。""用 AI 分析作文后，发现学生们在比喻句运用上有共性问题，下周可以设计专项训练。"这些细节将帮助你更精准地把握 AI 与教学的融合节奏，让技术真正服务于教育本质——其价值不在于替代教师的深度引导，而在于放大因材施教的作用。

第六篇

未来展望：
AI 将如何影响孩子的成长？

第 16 章

AI 教育的发展趋势

16.1 未来课堂与学习的想象

在科技呈指数级发展的当下,AI 技术正以前所未有的速度渗透进教育领域,全方位重塑着未来课堂与学习的形态。那么,未来的智能课堂究竟是什么模样?传统教学模式在 AI 浪潮的冲击下,正逐步向充满无限可能的智能化学习体系转型,未来的智能课堂将彻底颠覆传统教学模式,成为学生探索知识的全新天地。

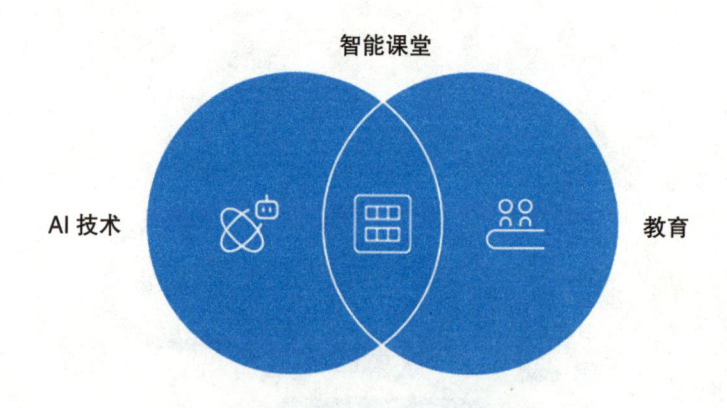

图 16-1　AI 在教育中的变革

想象一下,未来的教室中,智能设备丰富且多元,为学生提供高度个性化、沉浸式的学习体验。

16.1.1 智能设备的全面革新与深度应用

未来教室中的桌椅，不再是传统意义上固定不变的样式。智能桌椅宛如一位时刻关注学生身体状况的贴心管家，能够依据学生身体发育的动态变化，实现高度的精准自动调节。

其内置的传感器犹如敏锐的触角，持续监测学生的身高、坐姿等关键数据。这些数据被源源不断地传输到设备内部，与预先建立的大数据模型进行比对。通过复杂而精准的算法，智能桌椅能够快速计算并调整到最适宜该学生当下身体状况的桌椅高度。

图 16-2 未来教室中的桌椅

传统调整
需要手动干预，导致潜在的
不适和风险

智能调整
自动化适应，提升舒适度
和专注力

图 16-3　选择最佳的桌椅调整方法以提高学习效率

以小学生为例，他们正处于身体快速发育期。在传统教室中，学生可能需要经常手动调节桌椅高度，甚至因忘记调节而长期处于不合适的坐姿。而在智能教室中，智能桌椅每过一段时间便能自动调整至适配学生身高的高度。

这一小小的改变，却有着重大意义。它有效降低了学生因长期坐姿不良引发脊柱侧弯等问题的风险。当学生坐在高度适宜的桌椅前，脊柱能够始终处于自然、健康的状态，身体的压力得到合理分散。这种舒适的坐姿让学生在课堂上能够集中注意力，全身心投入对知识的汲取中。他们不再因桌椅的不适而分心，学习效率也因此得到显著提升。

学生面前的智能终端，也将告别传统单一的显示屏模式。它借助先进的全息投影技术，将抽象晦涩的知识以生动、立体的形式全方位展现，宛如一把神奇的钥匙，打开了通往奇幻知识世界的大门。

在学习历史课程时，这一技术的优势尤为显著。

以学习古罗马帝国的兴衰为例，学生只需轻触智能终端，瞬间

便能"穿越"到古罗马的繁华都市。宏伟壮观的斗兽场矗立在眼前,其高大的围墙、独特的拱门设计及其庞大的规模,都让人震撼不已。竞技场内的喧嚣声、观众的呐喊声仿佛就在耳边,营造出极为逼真的场景。学生可以环绕斗兽场漫步,清晰地看到建筑的每一处细节,从墙壁上的古老雕刻到观众席的布局,感受其震撼人心的气势。不仅如此,通过与虚拟的古罗马士兵"对话",学生能够深入了解士

图 16-4 未来历史课程学习场景

兵的日常生活、战斗技巧以及背后所蕴含的古罗马军事文化。学生可以询问士兵关于训练的情况、武器的使用方法,甚至是他们对战争的看法。

这种沉浸式的学习体验,能极大激发学生的学习兴趣。原本枯燥的历史知识,在全息投影技术的加持下,变得鲜活有趣。学生不再被动接受知识,而是主动参与到知识的探索与发现中,学习效果会得到质的提升。

在生物课程中，全息投影技术同样能大显身手。

例如，在学习细胞结构时，智能终端能够将细胞以三维立体的形式呈现出来。学生可以从不同角度观察细胞的各个组成部分，如细胞核、线粒体、细胞膜等，还可以放大细胞的某个区域，深入了解其内部的微观结构。通过与虚拟的细胞模型互动，学生能够直观地理解细胞的功能和运作机制，这远比传统的书本图片或二维动画更易于理解和记忆。

在地理课程中，全息投影可以展示地球的地貌、气候分布以及板块运动等内容。学生可以身临其境地感受高山的雄伟、海洋的辽阔，以及火山爆发、地震发生时的震撼场景。这种直观的体验，让学生对地理知识有了更深刻的认识，也激发了他们对探索地球奥秘的兴趣。

16.1.2 跨语言学习的无缝衔接与文化交融

未来的智能课堂中，实时翻译功能将成为打破语言壁垒的关键利器。无论是老师授课，还是学生之间的交流互动，只要涉及不同语言，该功能便能瞬间启动，如同一位不知疲倦的语言桥梁搭建者，确保信息的流畅传递。

当老师用中文讲解复杂的科学知识时，系统会在毫秒级的时间内将语音转化为多种语言文字，并通过学生智能终端的显示屏呈现出来，同时以对应语言的语音形式播放。对于来自不同国家的学生而言，无须再费力去理解陌生的语言，能够直接以母语的形式接收知识。

例如，在一堂关于物理力学的课程中，老师详细讲解牛顿第二定律。系统迅速将老师的中文讲解转化为英文、法文、德文等多种语言，让来自美国、法国、德国等国家的学生能够轻松理解。

这种高效的实时翻译技术，确保了课堂教学的流畅性，让教学过程不受语言差异的阻碍。老师可以专注于知识的传授，学生也能够全身心地投入学习中，不用担心因语言障碍而错过重要内容。

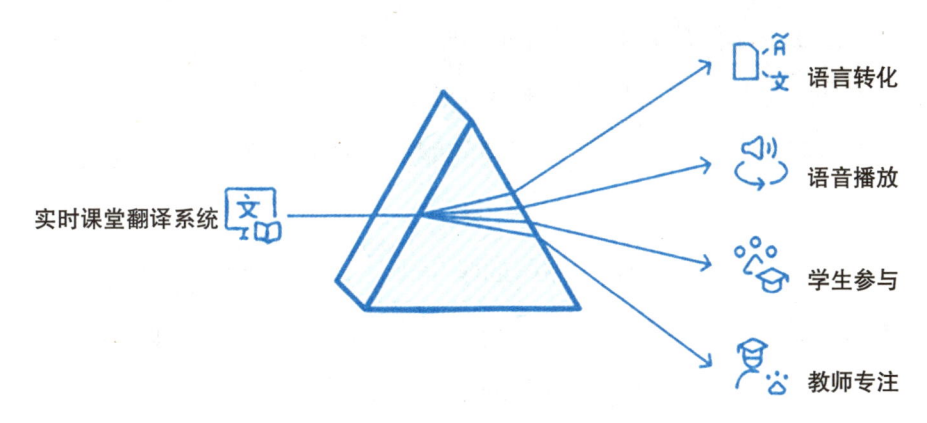

图 16-5　打破语言障碍的课堂翻译

实时翻译功能的普及，极大地推动了国际学生之间的交流与合作。在课堂讨论环节，来自中国、美国、法国等不同国家的学生能够毫无障碍地分享自己的观点和想法。他们可以围绕全球性问题，如环境保护、科技创新等展开深入探讨，从各自国家的文化视角出发，碰撞出思维的火花。

在讨论环境保护问题时，中国学生可能会分享中国在植树造林、治理水污染方面的经验和成果，讲述中国传统文化中人与自然和谐相处的理念。美国学生则可能从科技应用的角度，介绍美国在开发新能源、提高能源利用效率方面的创新举措。法国学生或许会强调法国在文化遗产保护与可持续发展结合方面的实践，分享法国浪漫文化中对自然之美的独特理解。

通过这样的交流，学生不仅拓宽了知识面，还深入了解了不同国家的文化和价值观。在此过程中，他们学会尊重差异，理解不同文化的独特之处，培养了全球意识。这种跨文化的交流互动，为学生未来在全球化社会中立足奠定了坚实基础。

他们在与不同文化背景的同学交流合作的过程中，锻炼了沟通能力、团队协作能力和解决问题的能力，这些能力将成为他们未来职业生涯和个人发展中的宝贵财富。

当然，对于正在学习外语的学生来说，智能课堂的实时翻译也是一个强大的辅助工具。学生在聆听老师或外国同学讲话时，既能听到原声，又能同时看到对应的翻译，从而更准确地理解语言的含义和语境。

例如，在英语课堂上，老师播放一段英语电影片段，学生在观看的同时，智能终端上会实时显示中文字幕。这样，学生不仅能够听到地道的英语发音，还能通过中文字幕理解剧情内容，加深对英语语言的理解。同时，学生在发言时，系统会实时纠正语法错误，并给出正确的表达方式。当学生说出"I goed to the park yesterday"这样的错误句子时，系统会立即提示"goed"拼写错误，正确形式应为"went"，并提供一些类似语境下的正确表达方式，如"I paid a visit to the park yesterday"或"I went to the park for a stroll yesterday"，帮助学生快速提升英语水平。

此外,借助智能设备中丰富的外语学习资源,如该国的经典文学作品、影视作品等,学生可以在真实的语言环境中进行沉浸式学习,加速语言学习进程。

如学生可以阅读英文原版的《傲慢与偏见》《简·爱》等文学名著,观看英文电影、电视剧,在阅读和观看过程中,通过实时翻译功能理解内容,同时不断积累词汇、语法知识和语言表达技巧;还可以参与线上的外语交流社区,与来自世界各地的学习者交流互动,锻炼口语表达能力,进一步提升外语综合素养。

16.1.3 智能环境调控营造理想学习氛围

教室环境的智能调控依托于先进的 AI 算法和传感器技术。教室中部署的多种传感器,如光纤传感器、温度传感器、湿度传感器以及用于监测学生学习状态的摄像头、可穿戴设备等,宛如一个个敏锐的观察者,能够实时收集大量数据。AI 系统则如同一位智慧的指挥官,对这些数据进行深度分析,精准判断学生的学习状态和情绪变化。

当学生在课堂上注意力开始分散,眼神游离时,摄像头捕捉到这一细微变化,并将数据传输给 AI 系统。AI 系统迅速做出反应,自动将教室灯光调整为冷色调。冷色调的光线能够刺激学生的视觉神经,提高注意力。就像在清晨的自然光下,人们往往会感到更加清醒和专注。同时,系统还可以适当降低室内温度,让人保持清醒,避免因温度过高而产生困倦。研究表明，在适宜的低温环境下，人体的新陈代谢会略微加快，大脑的反应速度也会相应提高。

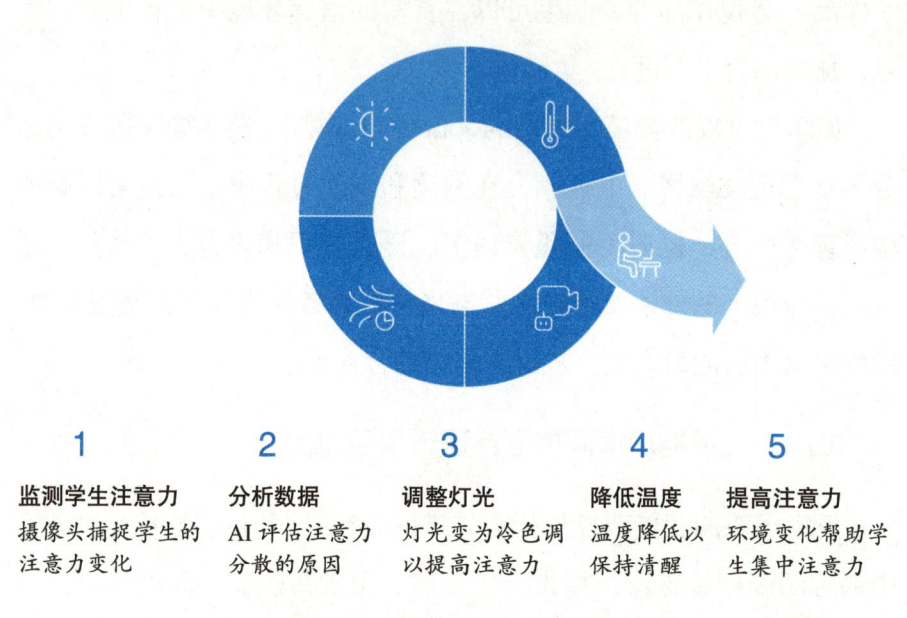

1	2	3	4	5
监测学生注意力	分析数据	调整灯光	降低温度	提高注意力
摄像头捕捉学生的注意力变化	AI评估注意力分散的原因	灯光变为冷色调以提高注意力	温度降低以保持清醒	环境变化帮助学生集中注意力

图 16-6　课堂环境动态调整

当 AI 系统检测到学生因学习压力过大而出现焦虑、烦躁等情绪时，会立即启动相应的舒缓机制。教室中的音响设备开始播放轻柔舒缓的背景音乐，如莫扎特的《小夜曲》、班得瑞乐团的《安妮的仙境》等。这些音乐能够调节人体的神经系统，缓解紧张情绪。音乐的旋律和节奏能够影响人的大脑电波，使大脑进入放松状态。

同时，系统还可以通过智能投影仪在教室墙壁上投射出宁静的自然风光画面，如青山绿水、蓝天白云等，让学生仿佛置身于大自然之中，身心得到放松。大自然的景色能够给人带来愉悦感和安全感，减轻心理压力。

此外，AI 系统还会根据学生的情绪状态，适时调整教学节奏和内容，避免给学生造成过大的压力。如果发现学生普遍情绪低落，老师可以暂停原本紧凑的教学计划，安排一些轻松的互动活动或趣味知识讲解，缓解学生的紧张情绪，重新激发他们的学习热情。

16.2 个性化学习模式

16.2.1 个性化环境定制

每个学生对学习环境的偏好存在差异，未来的智能教室能够实现环境调控的个性化定制。学生可通过智能终端，按个人偏好设置灯光亮度、颜色、温度、湿度等环境参数。AI 系统会根据学生的设置，在不影响整体教学秩序的前提下，为每个学生营造出最适宜其学习的环境。

有些学生在光线稍暗、温度略低的环境中学习效率更高，而有些学生则更喜欢明亮、温暖的环境。智能教室的个性化环境调控功能充分尊重了学生的个体差异，满足了不同学生的特殊需求。

对于喜欢光线稍暗的学生，其座位上方的灯光会自动调暗至其设定的亮度，而周围其他同学的灯光不受影响，互不干扰。对于偏好温暖环境的学生，其座位附近的温度会被微调至适宜的温暖程度，同时不会影响其他同学的温度感受。

这种个性化的环境定制，进一步提升了学习的舒适度和效果。学生在自己喜欢的环境中学习，心情更加愉悦，学习的积极性和主动性也会大大提高。他们能够更加专注地投入学习任务中，发挥出自己的最佳水平。

除了光线、温度、湿度等方面的调控，未来智能教室还将注重空气质量和噪声控制。教室中会安装先进的空气净化设备，能够实时监测室内空气质量，包括空气中的 PM2.5、甲醛、苯等有害物质的含量。一旦检测到空气质量超标，空气净化设备会立即启动，快速过滤空气中的污染物，为学生提供清新健康的学习环境。良好的空气质量有助于学生保持清醒的头脑，提高学习效率，同时也有利于学生的身心健康。

在噪声控制方面，智能教室将采用隔音材料和噪声监测设备。教室的墙壁、门窗等采用隔音效果良好的材料，有效阻挡外界噪声的传入。同时，噪声监测设备会实时监测教室内的噪声水平。当噪声超过一定阈值时，系统会发出提示，提醒学生保持安静。如果是因为教学活动产生的较大噪声，如小组讨论声音过大，AI 系统会通过智能终端向学生发送温馨提示，引导学生调整音量，确保教学环境安静有序。安静的学习环境能够让学生更好地集中注意力，深入思考问题，提高学习质量。

16.2.2 多维度数据收集与分析

AI 系统对学生学习数据的收集涵盖了日常作业、测试成绩、课堂表现、在线学习行为等多个维度，宛如一位细致入微的记录者，全面而精准地勾勒出学生的学习全貌。

在日常作业方面，系统不仅记录学生的答题对错情况，还深入分析学生的答题思路、解题时间、错误类型等。如果学生多次在同一类型的题目上出错，系统会进一步分析是基础知识掌握不牢固，还是缺乏解题技巧。通过这种深入分析，系统能够精准定位学生的学习问题所在。

在测试成绩方面，系统会对学生的成绩进行纵向和横向对比分析。纵向对比学生自身不同阶段的成绩变化，了解其学习进步或退步情况。例如，通过对比学生本学期和上学期的数学成绩，系统发现学生在代数部分的成绩有明显提升，但在几何部分的成绩有所下降。横向对比学生与班级其他同学的成绩，明确其在班级中的位置。这有助于学生了解自己在班级中的学习水平，找到自己的优势和不足，同时也为老师提供了参考，便于老师针对不同学生的情况进行个性化指导。

课堂表现方面，通过摄像头捕捉学生的课堂参与度，如是否积极发言、是否专注听讲、与同学互动的频率等。系统能够识别学生的面部表情和肢体语言，判断学生是否理解了老师讲解的内容。如果学生频繁皱眉或眼神迷茫，可能表示对知识点存在疑惑。

在线学习行为方面，系统记录学生在学习平台上的学习时间、浏览内容、点击频率等数据。通过分析这些数据，系统可以了解学生对不同学习资源的兴趣和需求，例如学生在某个知识点的讲解视频上停留时间较长，可能表示该知识点较难理解，需要进一步加强学习。

通过对这些海量数据的整合与深度分析，AI系统能够精准勾勒出每个学生独特的学习画像，为个性化学习提供有力支撑。

16.2.3 个性化学习资源推送

基于对学生学习画像的精准掌握，AI系统能够为每一个学生推送高度契合其需求的个性化学习资源，如同为每个学生量身定制一份专属的知识大餐。

以数学学科为例，当AI系统发现某个学生在函数部分理解困难时，会立即从庞大的学习资源库中筛选出一系列针对性的学习资料。这些资料包括由专业教师录制的详细讲解函数概念、性质和解题方法的视频课程。课程内容从基础到进阶，采用生动有趣的教学方式，如动画演示、实例讲解等，逐步引导学生深入理解抽象的函数知识。

同时，系统还会推送与函数相关的练习题，题目难度根据学生的实际水平进行分层，从简单的巩固练习到具有一定挑战性的拓展训练，帮助学生逐步提升解题能力。对于基础薄弱的学生，先推送一些简单的函数求值、函数图像绘制等题目，让学生巩固基础知识；对于学习能力较强的学生，则推送一些函数综合应用、函数与其他知识点结合的题目，拓展学生的思维。

此外，为了拓宽学生的知识面，系统还会推送一些与函数应用相关的拓展资料，如函数在物理、经济等领域的实际应用案例。通过这些案例，学生能够了解函数知识的实用性，增强学习兴趣。

在语文学习中，AI系统会根据学生的阅读水平和兴趣爱好推送合适的文学作品。

如果学生喜欢科幻文学，系统会推送刘慈欣的《三体》系列、阿瑟·克拉克的《2001：太空漫游》等经典科幻小说，并安排相应的阅读任务和思考问题，如分析小说中的人物形象、探讨科幻作品对未来社会的想象等。

对于写作能力有待提高的学生，系统会推送一些优秀的作文范文，并进行详细的写作技巧分析，如如何开头、结尾，如何组织文章结构，如何运用修辞手法等，帮助学生提升写作水平。

16.2.4 学习计划的量身定制

AI 系统根据学生的学习能力、知识掌握程度和学习目标，为其量身定制个性化学习计划，如同为每个学生规划一条专属的学习成长路径。

对于学习能力较强、基础知识扎实的学生，AI 会制订具有挑战性的拓展学习计划。例如，在语文学习中，除了完成课本要求的学习任务外，系统会推荐学生阅读一些经典的文学名著，并安排相应的阅读任务和写作训练，如撰写读书心得、进行文学作品赏析等。学生可以深入研究名著中的人物性格、主题思想、写作风格等，提升文学素养。在数学学习中，系统会推荐学生参加数学竞赛培训课程，挑战一些高难度的数学问题，培养学生的创新思维和解决问题的能力。

对于学习进度较慢、基础较为薄弱的学生，AI 则会放缓教学节奏，制订以夯实基础为主的学习计划。在数学学习中，系统会安排更多的基础知识讲解课程和基础练习题，帮助学生巩固所学知识，逐步建立学习信心。例如，先从最基本的数学概念、公式讲解入手，通过大量的简单练习题让学生熟悉和掌握基础知识。同时，系统会为学生提供详细的解题思路和步骤，引导学生逐步学会解题方法。在语文学习中，针对识字量不足的学生，系统会安排专门的识字课程和练习，通过游戏、故事等方式帮助学生提高识字能力。

同时，AI系统还会根据学生的学习进度和实际情况动态调整学习计划，确保学习计划始终具有科学性和有效性。

如果学生在某个知识点上掌握得比预期快，系统会及时调整计划，增加更具挑战性的学习内容；如果学生在某个环节遇到困难，学习进度受阻，系统会适当放缓进度，增加辅导资源和练习量，帮助学生克服学习困难。

这种个性化、动态化的学习计划制订，能够充分满足每个学生的学习需求，让学生在最适合自己的节奏中不断进步，实现学习效果的最大化。

在未来的教室中，智能设备的全面应用将为学生带来前所未有的学习体验。从智能设备的革新到跨语言学习的便利，从智能环境调控到个性化学习模式的实现，每个方面都将极大地推动教育的发展和进步，培养出适应未来社会需求的创新型人才。

提供支持
提供额外帮助和资源

评估学生进度
评估学生的学习表现

提供挑战性内容
提供更高级的材料

调整学习计划
根据评估调整计划

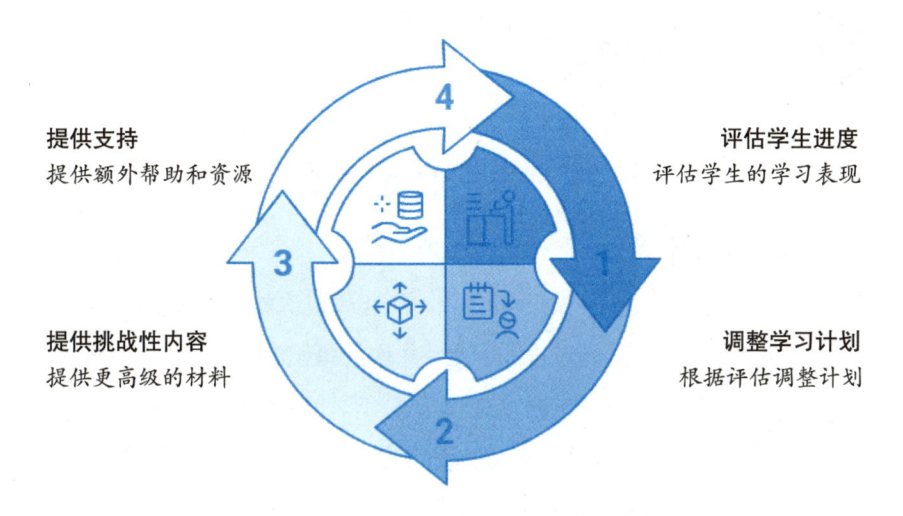

图 16-7　AI 驱动的个性化学习周期

AI 挑战任务

小小老师设计教学

魔法课堂召集令：亲爱的小设计师们！今天我们要创造属于未来的超级课堂！想象一下：当你们说出"启动"，课桌就变成"悬浮太空舱"，课本里的恐龙会跳出屏幕和你们击掌，连空气都能变成可触摸的彩虹颜料！现在请分组讨论：如果 AI 老师有变形能力，你们希望它变成会说话的机械猫还是能穿越时空的飞船？请思考：假如你是最酷的 AI 老师，你又会怎么上课？

小贴士： 想让你的 AI 老师设计更酷、更有趣？试试这样打开脑洞：如果你希望 AI 老师变成会说话的机械猫，不妨给它加上神奇技能——比如，用毛茸茸的尾巴画出数学函数图像，用爪子点击屏幕就能弹出化学元素互动游戏！要是偏爱能穿越时空的飞船，那就让它带全班同学"穿越"到古埃及，亲眼见证金字塔的建造过程。记得给飞船设计个"知识扫描"功能：如指着课本上的恐龙提问，舱内天花板会立刻投影出 3D 动态的恐龙家族图谱！除此之外，还可以给 AI 老师加点"人情味"——比如，机械猫老师在你答对题时会蹭蹭你的手心，飞船老师会根据你的表情调整讲解速度，让科技感满满的课堂也能暖暖的！最后，把你的奇思妙想画下来或写进故事里，和小组伙伴分享时，记得问问大家："你觉得这个变形功能还能怎么帮我们学新知识？"说不定能碰撞出更厉害的创意火花呢！

第 17 章

AI 时代，孩子需要哪些核心能力？

AI 时代，孩子们将迎来一个充满挑战与机遇的全新未来。为了能在这个以智能科技为主导的时代中立足并取得成功，他们必须具备一系列与之相适配的核心能力。这些能力不仅关乎他们当下的学习成效，更决定了他们未来在职业生涯和社会生活中的竞争力。

17.1 数据素养：开启 AI 思维大门的钥匙

数据素养无疑是 AI 时代孩子必备的核心能力之一。培养孩子的 AI 思维，首要任务是让他们深刻理解数据的重要性。生活中存在大量生动且易于理解的实例。

例如，超市每天都会产生海量的销售数据，商家通过对这些数据进行细致分析，能够清晰洞察顾客的购买偏好。可以发现哪些商品在特定季节或时间段更受欢迎，哪些商品的组合购买率较高。基于这些数据洞察，商家能合理安排商品库存，避免某些商品积压或缺货的情况发生，从而实现成本控制与利润最大化。

通过这样的生活案例，孩子能够直观地认识到数据在商业决策中所扮演的关键角色，初步建立起对数据价值的尊重与重视。

在学校教育体系中，开设专门的数据素养课程是培养学生数据能力的重要途径。以校园调查活动为例，如果学生调研同学们最喜欢的课外活动，他们将完整经历数据收集、处理与分析的全流程。

首先，要学会设计科学合理的调查问卷。这要求他们思考如何准确地提出问题，避免问题的模糊性或引导性，以确保收集到的数据真实可靠。

然后，孩子需要运用合适的方法去收集数据，无论是在课间休息时面对面询问同学，还是利用在线问卷平台进行发放与回收，都需要他们掌握一定的沟通技巧和信息技术应用能力。

收集完成后，就要对大量的数据进行分类整理。他们要学会根据活动类型、参与频率等维度对数据进行分类，以便后续分析。

最后，运用图表等可视化工具对调研结果进行展示，柱状图可以直观地展示不同课外活动的受欢迎程度对比，饼图则能清晰呈现各项活动在总体中所占的比例。

通过这样的实践，孩子不仅掌握了数据处理的基本流程，更能从分析结果中得出有价值的结论，比如发现某类新兴课外活动在同学中逐渐兴起，为学校开展相关社团活动提供参考依据。

另外，鼓励孩子参与各类与数据相关的项目和竞赛，能够进一步提升他们的数据素养。在数据分析比赛中，孩子会面对更为复杂和真实的数据场景。

例如，给定一组城市空气质量监测数据，他们需要运用所学知识，分析不同区域、不同时间段空气质量的变化趋势，探究影响空气质量的因素，并提出相应的改善建议。在数据建模挑战中，他们可能要根据人口增长数据、资源消耗数据等构建预测模型，预测未来城市发展的资源需求。

在这些实践过程中，孩子需要尝试不同的数据处理方法和技巧，从数据的海洋中筛选出关键信息，发现隐藏其中的问题，并运用创新思维提出解决方案。

这一系列的实践活动促使孩子逐渐形成 AI 思维模式，使他们能够敏锐地从数据中捕捉到有价值的线索，运用科学的方法进行分析和处理，为适应未来数据驱动型社会奠定坚实基础。

17.2 技术应用能力：驾驭 AI 工具的必备技能

为了让孩子真正掌握 AI 工具，而不仅仅停留在表面的使用，为他们提供系统全面的 AI 工具学习课程势在必行。

以学习图像识别软件为例，课程不能仅仅局限于软件的基本操作演示，而且要深入且详细地讲解软件的各项功能。从图像的导入与预处理，到识别算法的选择与参数设置，再到识别结果的输出与解读，每个环节都要进行细致剖析。同时，还要向孩子讲解软件背后的算法原理，例如基于深度学习的卷积神经网络是如何通过对大量图像数据的学习，实现对不同物体的准确识别的。让他们明白，看似简单的图像识别过程，实则蕴含着复杂的数学模型和计算过程，从而激发他们对技术背后原理的探索欲望。

在教学过程中，设置丰富多样的实践项目是提升孩子 AI 工具应用能力的关键。

当孩子使用 AI 绘画工具创作作品时，不能仅仅满足于简单地选择模板进行绘制，应引导孩子深入探索绘画工具中不同参数的设置对作品效果的影响。例如，画笔的粗细、颜色的饱和度、光影效果的参数调整等，都会使作品呈现出截然不同的风格。孩子可以通过尝试不同的参数组合，创作出具有独特艺术风格的作品。这不仅提升了他们对工具的操作熟练程度，更培养了他们的审美能力和创新思维。

此外，鼓励孩子利用 AI 编程工具开发应用小程序解决生活中的实际问题。例如，设计一个提醒家人按时吃药的智能应用，孩子需要运用编程知识，结合 AI 的语音识别和定时提醒功能，将创意转化为实际可用的应用程序。在这个过程中，他们要思考如何优化用户界面，提高应用程序的易用性，以及如何确保程序的稳定性和准确性。

通过这样的实践，孩子能够深入理解 AI 工具的本质和潜力，提升对 AI 工具的掌控能力，真正做到学以致用。

在教学过程中，鼓励孩子对 AI 工具进行创新应用，能够充分挖掘他们的创造力和潜力。

学校和家庭可以为孩子提供创新实践的平台和资源，例如，举办 AI 创意应用大赛，鼓励孩子提出独特的应用设想并付诸实践。他们可能会利用 AI 工具开发出智能垃圾分类助手，通过图像识别技术帮助人们快速准确地进行垃圾分类；或者设计一个基于 AI 的智能宠物陪伴系统，利用语音交互技术陪伴宠物玩耍、监测宠物的身体状况。

在创新应用的过程中，孩子需要打破常规思维，将不同的 AI 技术进行整合与应用。这不仅提升了他们对 AI 工具的综合运用能力，更培养了他们的创新精神和解决实际问题的能力。同时，通过对创新应用的探索，孩子能够更好地理解 AI 技术在不同领域的应用前景，为未来从事相关领域的工作或研究奠定基础。

17.3 跨学科思维：解决复杂问题的有力武器

AI 时代，跨学科思维对于孩子而言至关重要。为了培养孩子运用 AI 提升解决复杂问题的能力，学校可以积极开展跨学科项目式学习。以"城市交通拥堵问题解决方案"这一主题为例，它融合了数学、物理、计算机科学、社会学等多个学科的知识。

在项目实施过程中，数学学科发挥着重要作用。孩子需要运用数学方法对交通流量数据进行分析，建立数学模型来模拟交通拥堵的形成过程。通过对模型的研究，他们可以找出导致交通拥堵的关键因素，如道路通行能力、车辆行驶速度、路口信号灯设置等。

物理学科则从车辆的运动原理出发，研究如何优化交通设施，如设计合理的道路坡度和弯道半径，以提高车辆行驶的安全性和流畅性。

计算机科学利用 AI 技术开发智能交通管理系统，通过对实时交通数据的分析，实现交通信号灯的智能控制，根据不同路段的交通流量动态调整信号灯的时长，减少车辆等待时间。

社会学关注市民的出行习惯和需求，通过问卷调查、实地访谈等方式，了解市民出行的目的、时间、方式等信息，为制定合理的交通政策提供依据，如推广公共交通优先发展策略、优化公交线路设置等。

跨学科项目通常需要不同学科背景的学生相互合作、共同探讨。在解决城市交通拥堵问题的项目中，数学专业的学生负责数据建模和分析，物理专业的学生关注交通设施的优化，计算机科学专业的学生致力于 AI 系统的开发，社会学专业的学生则深入研究市民的出行需求。

在团队协作过程中，孩子需要学会与不同学科背景的同学进行有效沟通，理解他人的专业观点和方法，共同制订项目计划，明确各自的分工和任务。他们要学会倾听他人的意见和建议，在团队中发挥自己的专业优势，同时也要借鉴其他同学的长处，弥补自己的不足。

通过这样的团队协作，孩子不仅能够全面提升解决复杂问题的能力，还能培养团队合作精神、沟通能力和领导能力。这些能力在 AI 时代的工作和生活中同样不可或缺，使他们能够更好地适应未来多元化、协作化的社会环境。

综上所述，AI 正在全方位地重塑教育领域的未来格局，而孩子的成长必须紧密适应这一深刻变革。从智能课堂的创新体验，到个性化学习的深度支持，再到数据素养、技术应用能力和跨学科思维的精心培养，这些都将成为他们在 AI 时代立足的核心要素。

教育的目标在新时代背景下已然发生转变，不再仅仅局限于单纯的知识传授，而是致力于帮助孩子掌握适应未来社会的核心能力，使其成为能够熟练驾驭技术、有效解决复杂问题的创造者。只有这样，他们才能在 AI 时代的浪潮中乘风破浪，书写属于自己的辉煌未来。

AI 挑战任务

数据侦探大冒险：用数据破解校园小秘密

同学们，想不想化身"数据侦探"，用 AI 思维破解校园里的小秘密？现在，请大家组队并选定一个校园主题，如"同学们最喜欢的午餐搭配""课间十分钟大家都在做什么"，然后像真正的数据分析师那样展开调查吧！首先，你们需要设计一份"数据侦探工具包"：用 AI 辅助设计调查问卷，比如在问卷星上让 AI 帮忙优化问题表述，让问题更清晰有趣。接着，分工收集数据，可以在食堂观察午餐选择，或者向全班同学发放问卷。收集到数据后，试试用 AI 工具进行分析，比如用 Excel 的图表功能或 AI 数据可视化工具，把"喜欢糖醋排骨的同学占比""课后阅读时间分布"变成生动的柱状图、饼图。最后，根据分析结果提出改进校园生活的小建议，比如"建议食堂每周三增加糖醋排骨窗口"，并带着数据报告去和老师、同学们分享你的发现！

小贴士： 做数据侦探时，别忘了下面这些小技巧！设计问卷时，可以先让 AI 生成几个问题模板，再和队员们一起"挑刺"："这个问题会不会让同学不好意思说实话？""要不要加个有趣的选项让大家更愿意回答？"收集数据时，试试混合使用"人工观察"和"AI 工具"，比如记录午餐选择时，先用手机拍下餐盘照片，再通过 AI 图像识别技术统计食物种类，这样既锻炼了观察力，又能体验到技术的便利。分析数据时，如果发现"矛盾数据"，别急着否定，想想是不是调查范围不够广，或者同学们有隐藏的兴趣点。就像真正的侦探不放过任何细节，数据侦探也要学会追问"为什么"。最后提建议时，记得用数据当"证据"，这样提出的建议才更有针对性！通过这次冒险，你们会发现数据不仅是一堆数字，更是解开生活谜题的钥匙，而 AI，就是帮你们打磨这把钥匙的得力助手！

结 语

拥抱 AI，开启未来学习之旅！

在当今这个科技飞速发展、日新月异的时代，AI 技术如同一股汹涌澎湃、不可阻挡的浪潮，以雷霆万钧之势席卷了社会的各个角落，其影响力之广泛、之深远，正深刻地改变着我们生活、工作和学习的方式。

在医疗领域，AI 技术被应用于智能诊断，医生借助 AI 算法，能够快速分析海量的医学影像数据，精准识别疾病特征，大大提高疾病的早期诊断率，为患者争取宝贵的治疗时间。

在金融行业，AI 技术助力风险预测，通过对市场数据、交易记录以及宏观经济指标等多维度信息的深度挖掘和分析，提前预警潜在的金融风险，帮助金融机构制定更合理的投资策略和风险防控措施。

在交通系统里，智能调度依靠 AI 技术实时收集路况信息、车辆行驶数据，从而动态优化信号灯时长、规划最佳行车路线，有效缓解交通拥堵，提升出行效率。

在制造业中，自动化生产在 AI 技术的加持下，实现了生产流程的高度智能化，从原材料的精准把控，到产品的精细加工和质量检测，都能依靠智能机器人和自动化设备完成，极大地提高了生产效率和产品质量。

可以说，AI 技术的身影无处不在，它正以前所未有的速度推动着各行业的创新与变革，成为引领时代发展的关键力量。

在教育领域，AI 打破了传统教育的时空限制，让优质教育资源得以更广泛地传播。偏远地区的学生通过在线课程，也能享受到与大城市学生相同的教育资源，这无疑为教育公平注入了新的活力。AI 技术还能够根据学生的学习特点和需求，提供个性化的学习方案，实现因材施教，大大提高了学习效率和质量。

尽管 AI 在教育领域犹如一颗璀璨新星，展现出了强大的功能和令人瞩目的潜力，涵盖智能辅导、个性化学习规划、虚拟实验场景搭建等多个方面，但我们必须清晰且明确地认识到，AI 绝不是要替代孩子学习。它并非取代孩子主动求知的角色，而是作为一种强大的助力，帮助孩子成为更聪明的学习者。

AI 本质上是一种工具，如同书籍承载人类智慧的结晶，为孩子开启知识大门；又如计算器快速处理复杂运算，节省时间成本。它本身并不能代替孩子去思考，不能在孩子面对问题时主动给出答案，也不能代替孩子去探索知识，而是为孩子提供更便捷、高效的学习方式。

AI 不是孩子学习路上的替代者，而是强有力的助力者，它帮助孩子突破学习的局限，迈向更广阔的知识天地。那么，如何利用好

AI，便成了人们愈发关注的重点。

作为家长，首先要明白自身在日常生活中与 AI 的交互模式，恰似一面无形却清晰的镜子，会以一种潜移默化且深刻的方式，对孩子的成长轨迹产生深远影响。倘若家长在日常行事中，无论大事小事，皆不假思索地一味依赖 AI 去完成所有任务，例如简单的数学计算都依靠 AI 工具，孩子耳濡目染，极有可能会下意识地模仿这种行为模式，从而在成长过程中逐渐形成过度依赖 AI 的习惯，这对于孩子自主思考能力与动手实践能力的发展无疑是一种阻碍。

反之，要是家长能够秉持理性与科学的态度，合理巧妙地运用 AI，仅仅将其当作助力解决各类问题的辅助性工具，与此同时，始终坚守并不断强化自身独立思考的能力以及亲自动手实践的能力，孩子置身于这样的家庭环境中，必然会受到积极向上的熏陶。

例如，家长在工作场景下使用 AI 辅助完成文案撰写，这不仅是工作任务的完成过程，更是一个教育契机。家长可以向孩子详细展示自己如何对 AI 生成的初稿内容进行逐字逐句的分析、修改和完善，着重强调在整个创作流程中，人类独特的思考角度、丰富的想象力以及无穷的创造力的重要性。

在生活层面，当家长利用 AI 查询旅游攻略之后，不要只是简单地照单全收，还要与孩子围坐在一起，深入讨论攻略中的各个细节是否具备可行性，耐心引导孩子从不同角度去思考各个方案的优点与不足之处，如路线的便捷性、景点的性价比、时间安排的合理性等。

其次，家长应积极引导孩子正确认识和使用 AI 技术，通过简单易懂的方式，向孩子介绍 AI 的基本原理，让孩子了解 AI 生成内容的依据，从而避免盲目信任。家长可以以孩子熟悉的事物为例进行讲解，比如孩子喜欢的动画片中的角色，如果用 AI 来生成这个角色的新形象，就是 AI 根据之前学习到的关于这个角色的各种特征，如外貌、性格、动作等数据，再结合用户的要求来创作的。但由于数据和算法的局限性，AI 生成的内容可能存在错误或不准确的地方。让孩子明白这一点，能够使他们在使用 AI 时保持理性和批判性思维，不盲目相信 AI 给出的结果。

同时，家长也应积极鼓励孩子大胆尝试不同类型的 AI 学习工具，如智能学习软件、教育机器人、智能翻译设备等，让孩子在亲身体验中感受 AI 技术的魅力和优势。不过，在充分利用 AI 技术带来的便利和优势的同时，也要让孩子清晰地认识到，AI 仅仅是一种辅助工具，它虽然具备强大的信息处理和分析能力，但绝不能替代人类自身的思考与学习过程。就像法国思想家帕斯卡尔所说："人是一根能思想的苇草。"人类的思想和创造力是独一无二的，是 AI 无法企及的。

除此之外，家长也要关注孩子的学习过程，尤其是使用 AI 的过程，了解孩子使用 AI 的频率、时长以及使用的具体场景，引导孩子保持独立思考的能力，避免过度依赖 AI。随着人工智能技术的进步，现在许多智能学习设备和软件都具备学习记录功能，家长可以定期查看这些记录，了解孩子在哪些学习环节使用了 AI，使用 AI

解决了哪些问题，从而判断孩子是否对 AI 产生了过度依赖。

同时，家长要与孩子保持良好的沟通，每天抽出一定时间与孩子交流学习情况，询问他们在使用 AI 过程中的感受和收获，鼓励孩子分享在学习中遇到的问题以及如何借助 AI 解决问题，及时发现孩子在学习中可能出现的依赖倾向。

为避免孩子因沉迷 AI 而产生过度依赖，家长也需合理限定孩子使用 AI 的时长，通过外力因素约束孩子过度使用 AI 的行为。家长可以依据孩子的年龄和学习任务，制定明确的使用时间表，规定每日或每周使用 AI 的具体时长。家长也可借助智能设备的家长控制功能设置使用时间，时间一到，设备自动锁定，从而禁止孩子继续使用 AI。

家长还应引导孩子合理分配使用 AI 的时间，防止在某一学科或学习任务上过度依赖 AI，要让孩子认识到 AI 是作为辅助的角色参与到学习之中，而不是主要的工具，它应与自主学习、阅读、实践等多种学习方式相结合，这样才能全方位提升学习能力。

对于孩子而言，则要以开放的心态迎接 AI 技术，将其视为学习的好伙伴。在学习过程中，主动借助 AI 技术，探索适合自己的学习方法，不断激发自己的学习潜力。事实上，无论是利用 AI 定制个性化学习计划，还是借助 AI 工具拓展创造思维，抑或是通过 AI 培养批判性思维，每一次与 AI 的互动，都是一次提升自我的机会。

不可否认，如今的时代正是一个充满无限可能的 AI 时代。可以看到，AI 在教育领域的作用得到越来越多人的认可，其自身的技术也在不断进步，在未来的学习道路上，AI无疑将继续扮演重要角色，就让我们携手共进，积极拥抱AI技术，让它成为孩子学习道路上的强大引擎，助力孩子开启未来学习的新征程，成为适应时代发展的创新型人才。

附　录

AI 学习工具推荐与使用指南

（一）DeepSeek：开启智能学习与智能工作新时代的得力助手

在当今的智能时代，DeepSeek 作为一款开源人工智能系统，正凭借其独特优势，悄然改变着我们的学习、工作和生活方式。它巧妙地将自然语言处理与机器学习算法技术相融合，能够精准理解人们提出的各种需求和疑问，并以自然语言的形式呈现推理过程和结果，为大家在信息获取和处理方面提供了极大的便利。无论是学术研究、知识管理，还是日常的学习和工作，DeepSeek 都能发挥重要作用。

对于大多数日常需求，用户无须进行任何设置，直接使用普通模型（DeepSeek-V3）即可。这个基础模型就像一位随时待命的智能助手，能够满足人们在日常生活中的各种信息查询和简单任务处理的需求。

而当遇到复杂任务时，深度思考（R1）模型便展现出其强大的实力。只需点击【深度思考（R1）】按钮，系统就会加载深度思维"核心"，模拟人脑的逻辑分析步骤。它就像在"思维后台"精心整合逻辑框架，不仅能给出最终的结论，还会详细解析推导路径。再加上即时调取外部知识库的技术优势，使得输出的内容精准度和专业度都大幅提升。在学科难点解析、作业答疑等场景中，深度思考（R1）模型表现尤为出色，能让同学们的学习效率得到显著提高。

联网搜索功能更是为用户打开了一扇获取实时信息的大门。点击【联网搜索】按钮，DeepSeek 就能实时联网，智能抓取学科前沿动态、优质学习资源和权威文献资料。当你需要解析最新学术论文要点，或者查找与课程知识点相关的实践案例时，它会迅速检索网络信息，并精准推送相关资源，为你的学习带来新的思路和灵感。

附件上传功能则进一步拓展了 DeepSeek 的应用范围。点击【上传附件】图标，用户可以上传各类文档和图片，这些文件将成为 DeepSeek 执行任务时的重要背景资料和上下文参考。无论是撰写项目方案、学习编程，还是处理日常琐事，DeepSeek 都能凭借这些附件内容，为用户提供更贴合实际需求的帮助。

在生活中，DeepSeek 也无处不在。它可以帮你规划日常任务，让你的生活井井有条；处理突发事件，让你从容应对各种意外情况；甚至在社交场合中，也能为你提供智慧支持，让你在交流中更加自信和出色。

在工作场景中，DeepSeek 更是一个高效的生产力工具。它能够快速生成项目框架，填充内容并优化格式，帮助你在短时间内高质量地完成工作任务，让你的工作效率和质量都能得到极大提升。

凭借其开源的推理模型 DeepSeek-R1，DeepSeek 不仅为个人用户提供了强大的支持,也为开发者和研究人员提供了一个开放的平台。未来,随着技术的不断发展和完善,DeepSeek 有望在更多领域发挥更大作用,为我们的生活和工作带来更多惊喜和便利。

(二) ChatGPT:多模态 AI 标杆

ChatGPT 是由 Open AI 开发的一款多模态聊天机器人应用程序,依托 GPT 系列人工智能模型(包括最新的 GPT-4o)构建,具备处理文本、图像和音频的综合能力。

在实际应用中,这款 AI 工具展现出令人瞩目的功能矩阵:它不仅能通过语音或文本交互解答跨领域问题,还能生成诗歌、商业文案等创意内容,支持头脑风暴与数据分析,甚至能将自然语言描述转化为代码。

其多模态特性更体现在实时图像识别、动态图表生成及视频通话中的物体识别等场景中,配合流畅自然的语音交互和情绪模拟,为用户提供接近真人交流的体验。

尽管在陪伴类 AI 领域保持领先地位,作为行业标杆的 ChatGPT 已显创新疲态。近年来推出的 DALL-E3 图像生成工具和 Sora 视频生成技术虽具技术突破,但实用性与用户体验均被竞争对手超越。最新发布的 ChatGPT4.5 版本也未能带来突破性升级,市场反馈呈现两极分化。

(三) 文心一言:智能写作与阅读分析的全能助手

文心一言是百度自主研发的知识增强型大语言模型,依托飞桨深度学习平台与海量数据训练，构建起集对话交互、知识问答、创意生成于一体的智能生态。作为一款多场景适用的 AI 工具，它不仅能精准理解用户指令完成信息检索、文案创作等任务，更以"知识增强＋检索增强＋对话增强"三重技术突破，实现了从信息传递到思维激发的跨越式升级。

在语文学习领域，文心一言展现出独特优势：它既能根据命题生成结构严谨的作文、富有韵律的诗歌，也能针对阅读材料进行深度解析，提炼中心思想与写作手法。例如，学生拍照上传几何题目，文心一言不仅能快速识别图像中的文字，还能提供分步解析与答案验证，成为高效的学习辅助工具。

其强大的创作能力覆盖多文体需求：从商业文案、小说情节到短视频脚本，用户只需输入关键词与风格要求，即可获得符合规范的原创内容。在知识问答场景中，文心一言支持跨学科知识整合，无论是历史事件解析、科学原理阐释还是生活常识解答，均能提供逻辑清晰的回应。

使用文心一言的关键在于掌握指令设计技巧。用户可通过"参考信息＋动作＋目标＋要求"的四要素组合精准传达需求，例如："根据《红楼梦》前 80 回内容（参考信息），撰写（动作）一篇 500 字的贾宝玉人物分析（目标），要求结合具体情节并引用原文（要求）"。这种结构化指令能有效提升输出内容的准确性与实用性。

作为国内领先的 AI 语言模型，文心一言正通过持续迭代优化用户体验，其多模态能力的拓展（如支持图像理解与语音交互）进一步拓宽了应用边界。无论是教育场景下的个性化辅导，还是创意工作中的灵感激发，文心一言都在重新定义人机协作的可能性。

（四）豆包：本土化智能助手的体验革新

作为字节跳动自主研发的 AI 学习助手，豆包依托自研大模型与多场景适配能力，构建起覆盖生活、学习、工作的智能服务生态。其核心优势在于深度适配中文语境，通过"专业＋接地气"的交互设计，为国内用户提供兼具效率与趣味的智能体验。

豆包支持全平台无缝接入（手机 App、电脑端、浏览器插件），满足用户即时需求。在基础功能层，它可实现信息检索、文案生成、长文摘要与学习辅助，特别针对学生群体提供学科答疑、作文优化等服务。进阶功能中，语音交互与智能体定制尤为突出：用户可通过语音直接提问，省去打字步骤；更能自定义专属 AI 角色，如设置"小学生作文百宝箱"辅助子女学习，或创建"职场效率管家"处理工作事务。

高效使用豆包的关键在于结构化指令设计。用户需遵循"清晰表达＋补充背景"原则，例如询问会议流程时应具体说明"销售部门年终总结会的流程安排"。当结果未达预期时，可通过追问细节或纠正错误实现内容迭代。此外，豆包支持多轮对话与上下文延续，例如，在完成会议开场设计后，系统能基于历史对话优化后续环节衔接。

在创意激发与知识整合场景中，豆包展现出独特价值。它可协助用户进行业务拓展方向的头脑风暴，或整合市场推广、客户维护等多维度工作成果，生成结构化总结框架。这种能力在年终述职等复杂场景中尤为实用，用户通过限定风格（如正式商务/轻松活泼）与内容重点，能快速获取符合需求的专业文档。

面对国内 AI 发展的算力瓶颈，字节跳动通过产品力创新实现差异化竞争。豆包不仅在基础功能上保持流畅体验，更通过智能体生态构建了丰富的应用场景：从日常英语练习到塔罗牌解读，从情感陪伴到反诈提醒，其交互设计充分考虑了不同用户群体的使用习惯。特别是针对老年用户，语音交互与娱乐功能的结合，使其成为兼具实用性与趣味性的生活伴侣。

作为国内 AI 工具的标杆产品，豆包以"模型能力＋场景创新"的双轮驱动，重新定义了本土化智能助手的价值边界。无论是学习场景下的精准辅导，还是生活场景中的情感陪伴，它都在以更贴近用户需求的方式，诠释着人工智能如何成为真正的生产力工具与生活伙伴。

（五）Gemini：谷歌多模态 AI 的技术跃迁与场景革新

作为谷歌自主研发的多模态人工智能模型，Gemini 自 2023 年问世以来便以"原生多模态＋搜索深度整合"为核心竞争力，重新定义了 AI 工具的应用边界。依托 Cloud TPU v5p 超算芯片与 Transformer 架构优化，该模型不仅能无缝处理文本、图像、音频、视频与代码五大模态数据，更通过与 Google 搜索的深度融合，实现了实时信息检索与推理决策的协同进化。

在技术突破层面，Gemini 展现出多维度领先优势。其推理能力在 Humanity's Last Exam 基准测试中以 18.8% 的准确率超越同类模型；数学领域在 GPQA、AIME 2025 等权威榜单中拔得头筹；编程方面，Gemini 2.5Pro 通过 SWE-bench 与 Aider Polyglot 双重认证，不仅能生成可直接运行的网页应用代码，更在复杂逻辑推理中实现 90% 以上的代码准确率；对话能力上，其在 Chatbot Arena 榜单中以领先第二名 40 分的绝对优势登顶，被称为"六边形战士"。

Gemini 通过模块化架构实现了全平台覆盖：Ultra 版本聚焦复杂任务处理，Pro 版本平衡性能与成本，Nano 版本则针对移动端进行轻量化部署。这种分层设计使其能深度嵌入教育、医疗、工程等垂直领域。例如，教育场景中，用户可通过 AnyChat 平台实时拍摄微积分题目获取分步解析；医疗领域，医生能同步上传患者影像与病史数据，模型可自动生成综合诊断建议。

谷歌为 Gemini 打造了完整的开发者生态：通过 Coursera 课程提供代码生成、服务推荐等专项培训，结合 Cloud Code 实现开发流程优化。在企业级应用中，Gemini 已深度整合至 Workspace 套件，支持百万级 tokens 上下文处理，可自动汇总 1500 页文档或 100 封邮件生成结构化报告。其"全局记忆"功能更允许用户在跨设备交互中保持对话连续性，显著提升协作效率。

尽管 Gemini 在多模态处理与实时决策领域处于领先地位，但其发展仍面临双重挑战：一方面，需平衡技术迭代与商业化落地，例如视频生成功能的开发与隐私保护机制的完善；另一方面，需应对算力成本与模型轻量化的矛盾，Nano 版本的 4 位量化技术虽提升了移动端适配性，但复杂场景下的性能损耗仍需优化。随着 Gemini2.5 系列的推出，谷歌正通过动态推理优化与安全分类器升级，逐步构建从消费级应用到企业级解决方案的完整 AI 生态。

（六）Kimi：逻辑思维训练与智能协作的创新引擎

由"90后"科技创业者杨植麟创立的北京月之暗面科技，在 2023 年 10 月推出的 Kimi 智能助手，凭借"超长文本理解＋逻辑推理强化"的技术突破，迅速成为国产 AI 领域的明星产品。这家成立不足一年的初创公司，已通过两轮融资获得 13 亿美元的投资，其核心团队会聚了顶尖学府的算法专家与产品设计师，为 Kimi 的技术迭代提供了坚实支撑。

Kimi 依托自研的"认知图谱＋动态逻辑引擎"架构，构建起四大核心能力矩阵：

1. 深度问答系统：支持跨学科知识整合，能处理历史事件解析、科学原理推导等复杂问题，尤其擅长数学证明与逻辑推理类任务，可生成包含中间步骤的结构化答案。

2. 智能任务管家：通过自然语言指令自动拆解目标，例如将"筹备产品发布会"转化为时间轴规划、资源清单生成等子任务，并实时监控进度。

3. 多模态翻译引擎：突破传统直译模式，在商务谈判、学术论文等场景中实现语义级精准转换，支持 12 种语言互译。

4. 个性化成长系统：通过分析用户交互数据，动态调整知识输出维度，例如为学生群体定制错题分析模型，为职场人士优化报告

框架生成策略。

在教育领域，Kimi 开发了"逻辑思维训练营"模块，通过三段论推导、批判性思维训练等互动课程，帮助用户提升问题拆解能力。职场场景中，其"超长文本处理"技术可自动提炼 500 页行业报告的核心观点，生成 PPT 大纲与决策建议。生活服务方面，Kimi 支持实时对话式旅行规划，用户只需描述偏好，即可获得包含交通、住宿、景点的个性化方案。

其安全机制同样值得关注：所有对话数据采用端到端加密存储，敏感信息自动脱敏，企业版更配备数据水印与操作审计功能。

作为国内首个将逻辑思维训练深度融入 AI 交互的产品，Kimi 正在重塑人机协作的边界。无论是学生群体的思维能力培养，还是企业级用户的效率提升，它都展现出强大的适配性。随着技术持续迭代与场景生态拓展，Kimi 有望成为智能时代的"数字大脑"，为用户提供从信息获取到决策支持的全链条赋能。

（七）讯飞星火编程助手：AI 驱动的编程启蒙与效率革新

作为科大讯飞 2023 年 5 月推出的高性能 AI 语言模型，讯飞星火依托自研的"星火大模型"构建起覆盖多模态交互、逻辑推理、代码生成的智能生态。其核心技术突破在于深度融合自然语言处理与认知计算，不仅支持文图生成、虚拟人合成等多模态生成能力，更在代码理解与编写领域展现出独特优势。

在编程教学场景中，讯飞星火通过代码解析引擎实现了"五位一体"的辅助体系：

1. 代码生成与补齐：基于自然语言描述自动生成 Python、Java 等主流语言代码，支持函数补全与逻辑补全。

2. 代码纠错与解释：通过静态分析定位语法错误，提供修正建议并生成注释说明。

3. 单元测试生成：根据代码逻辑自动构建测试用例，覆盖边界条件与异常处理。

4. 可视化调试：将代码执行过程转化为流程图，帮助学习者理解变量传递与逻辑走向。

5. 编程知识库：整合 LeetCode 等题库资源，提供算法思路解析与代码优化方案。

其多模态理解能力为编程学习提供了多维支持：图像描述功能可将手绘流程图转化为代码框架，数学解题模块能同步推导算法公式，文档处理系统则支持将 PPT 内容自动生成教学代码示例。这种能力在教育领域尤为显著，学生可通过拍照上传数学题目获取分步解析，同时系统会推荐相关编程实践案例，实现"数学思维—算法设计—代码实现"的闭环训练。

讯飞星火针对编程启蒙开发了自适应学习系统，通过分析学习者的代码提交记录与错误类型，动态调整学习路径。例如，针对循环语句薄弱环节，系统会推送专项练习并生成个性化错题本。教师端则可利用批量代码分析功能，快速定位学生共性问题，自动生成教学改进建议。

依托科大讯飞在语音识别与语义理解领域的积累，讯飞星火实现了"听得懂、学得会、用得巧"的交互体验：语音输入支持编程指令识别，虚拟人助教可进行代码演示，知识库实时同步行业最新技术动态。其安全机制同样完善，所有代码数据通过区块链存证，敏感信息自动脱敏，为青少年编程学习提供可靠环境。

作为国内首个将编程启蒙与多模态 AI 深度融合的工具，讯飞星火正通过技术创新重构编程教育模式。无论是青少年的算法思维培养，还是开发者的效率提升，它都在以更智能、更个性化的方式，推动编程从技能学习向思维训练升级跃迁。随着教育场景的持续拓展与技术迭代，讯飞星火有望成为 AI 时代编程启蒙的标杆产品。

（八）即创抖音 AI 剪辑：短视频创作的智能生产力工具

作为抖音官方推出的 AI 驱动内容创作平台，即创依托巨量引擎生态与多模态 AI 技术，为短剧混剪、电商带货等场景提供全流程解决方案。其核心优势在于通过智能成片功能实现"创意生成—剪辑制作—发布优化"的闭环加速，零经验创作者也能快速产出高质量短视频。

平台内置的 AI 脚本生成器可根据行业特性与产品卖点自动生成故事框架，结合实时热点数据推荐热门叙事模板，有效解决创意枯竭问题。视频剪辑模块支持智能素材匹配，用户只需上传图片或视频片段，系统即可自动识别内容并推荐背景音乐、转场特效与字幕样式，同时提供关键帧编辑与变速调节等专业功能。语音合成技术则实现了多音色配音与情感化表达，显著降低配音成本。

依托抖音生态的数据分析能力，即创可实时追踪内容表现，通过完播率、互动率等指标反哺创作优化。其跨平台适配功能可自动调整视频尺寸与节奏，适配抖音、快手等不同平台算法逻辑，最大化传播效果。这种技术整合使创业者能将精力聚焦于核心创意，将内容生产效率提升 3—5 倍。

在电商领域，即创已深度整合商品库与直播数据，支持商品卖点智能提取与口播文案生成。例如，美妆品牌可通过上传产品信息快速生成包含使用教程、成分解析的系列短视频，系统同步推荐最佳发布时段与投放策略。这种"技术＋场景"的深度融合，正重塑短视频内容生产的行业标准。

即创抖音 AI 剪辑不仅是工具的革新，更是内容创作范式的升级。通过将算法智能与人类创意相融合，它使专业级短视频制作从少数人的专长转变为大众化能力。对于电商达人、MCN 机构与中小企业而言，掌握这一工具已成为在内容红海竞争中突围的关键。

（九）Stable Diffusion：重新定义数字艺术创作的边界

作为基于深度学习的文本到图像生成模型，Stable Diffusion（SD）通过本地化部署重新定义了数字艺术创作的边界。这款由 Stability AI 开发的开源工具，采用 Latent Diffusion Model 架构，在保持计算效率的同时实现了高质量图像生成。用户只需输入自然语言提示词，即可通过算法在本地快速生成分辨率达 1024×1024 的艺术作品，其可控性与灵活性为创作者提供了前所未有的自由度。

Stable Diffusion 的核心突破在于将扩散模型的计算复杂度降低至可在消费级 GPU 上运行。通过将图像生成过程分解为潜在空间的降噪步骤，模型不仅支持精确控制画面元素（如构图、光影、风格），还能通过参数调节实现从写实到抽象的多样化视觉效果。其开源特性催生了庞大的社区生态，用户可通过下载社区贡献的 Checkpoint 模型（如 Anything V3、Realistic Vision），快速切换至动漫、赛博朋克等特定艺术风格。

（十）即梦：一站式生成视觉内容

作为字节跳动旗下剪映团队打造的 AI 创作平台，即梦以"中文原生＋美学深耕"为核心定位，为创作者提供一站式视觉内容生成解决方案。依托深度优化的中文语义理解模型，其 AI 绘画与视频生成功能实现了从概念构思到成品输出的全链条本土化支持，尤其在东方美学表达领域展现出独特优势。

针对中文创作需求，即梦在 2.1 版本中突破性实现中文字体生成。用户只需在提示词中嵌入"海报标题：中秋团圆夜"，系统即可生成融合书法笔触与现代设计的完整海报，彻底解决传统 AI 工具中文乱码问题。这种能力在电商促销、节日营销等场景中尤为实用，创作者可快速生成包含品牌名称、活动信息的视觉素材。

其社区生态同样注重文化共鸣：用户可在"东方美学专区"获取传统纹样、节气主题等专属模板，或通过"国潮创作挑战赛"与其他创作者交流技法。这种从工具到文化的延伸，使即梦不再仅是生产力工具，而且成为传播东方美学的数字载体。

即梦的出现标志着国产 AI 创作工具进入"文化深耕"新阶段。通过技术创新与审美重构，它正在让专业级视觉创作从少数人的专长转变为大众化能力。无论是独立设计师的灵感捕捉，还是品牌方的营销素材生产，即梦都在以更懂中文、更懂东方的方式，重新定义 AI 创作的可能性。

（十一）百度翻译：AI 驱动的语言翻译全能助手

百度翻译作为国内 AI 语言翻译领域的先行者，借助深度学习与多模态技术，构建起一套全方位的翻译服务体系。它以汉译英为核心优势，在准确性和语境适配方面表现卓越，为用户提供了稳定可靠的翻译体验。无论是日常工作中简单的文本翻译，还是专业领域中复杂的术语转换，百度翻译都能轻松胜任。

百度翻译的功能丰富多样，全面覆盖了各类翻译场景。文本翻译支持多语言互译，无论是日常对话还是商务文件，都能准确传达信息；语音翻译实现了实时双向交流，让跨语言沟通更加便捷；网址链接翻译可直接对网页内容进行翻译，无须手动复制粘贴；文档翻译支持多种格式，能快速处理长篇文档；图片翻译则通过 OCR 技术，轻松识别并翻译图片中的文字。这些功能相互配合，基本满足了用户在不同场景下的翻译需求，堪称随身携带的语言助手。

百度翻译不断进行技术创新，以提高翻译质量。其智能增强翻译功能依托 AI 大模型技术，结合大数据分析，能够深入理解上下文的联系和词句的细微差别，从而生成更加准确、自然的译文。同时，个性化词典和例句功能可以根据用户的需求，提供定制化的翻译服务，使翻译结果更加贴合用户的实际使用场景。

对于有专业翻译需求的用户，百度翻译提供了专业术语库。用户可以将行业术语添加到翻译中，确保翻译结果的准确性和专业性。不过，这一功能需要用户成为 SVIP（超级会员）才能使用。在建筑、法律等专业领域，百度翻译的专业术语库发挥了重要作用，帮助用户解决了大量专业术语翻译难题。

百度翻译凭借其强大的功能、精准的翻译质量和不断创新的智能技术，成为许多人日常工作和学习中不可或缺的翻译工具。它不仅为普通用户提供了便捷的翻译服务，也为专业人士在特定领域的工作提供了有力支持。未来，随着 AI 技术的不断发展，百度翻译有望进一步提升其翻译能力和服务水平，为用户带来更加优质的使用体验。

（十二）可灵：国产视频生成领域的技术破局者

作为快手科技自主研发的 AI 视频生成工具，可灵凭借"动作理解＋细节渲染"的技术突破，成为国内首个在视频生成质量上对标国际顶尖产品的 AI 工具。其核心算法基于多帧预测网络与人体运动学模型，实现了人物动作连贯性与场景细节真实感的双重提升，生成视频帧率达 60 帧，动态模糊与光影效果达到影视级标准。

可灵国际版上线后迅速引发海外创作者关注，其生成的舞蹈教学、虚拟偶像表演等视频内容，在 TikTok 等平台获得千万级播放量。这种技术突破源于快手对视频内容生态的深刻理解：通过分析亿级用户行为数据，可灵不仅能精准捕捉流行趋势，更能生成符合平台调性的创意内容。例如，在电商场景中，可灵可根据商品特征自动生成包含使用演示、场景化展示的短视频，显著提升转化率。

可灵通过"引导式创作＋参数调节"降低使用门槛，用户只需输入文字描述或上传参考图片，系统即可生成初稿，并提供动作风格、光影参数等 12 个维度调节选项。其"视频连贯性优化"功能可自动修正相邻帧的抖动问题，确保复杂动作的流畅性。在国内同类产品中，可灵首次实现了"发丝级"细节渲染与"物理级"布料模拟，显著提升了视觉表现力。

可灵的出现不仅标志着国产 AI 在视频生成领域的技术突破，更重新定义了内容生产的效率边界。通过将算法智能与艺术创作相结合，它正在让专业级视频制作从高成本投入转向普惠化服务。对于短视频创作者、影视工作者与企业营销团队而言，可灵已成为内容生产工具箱中不可或缺的战略级"武器"。

（十三）灵芽 AI CHAT：多模型智能助手的全场景应用指南

在人工智能技术快速发展的今天，灵芽 AI CHAT 凭借其独特的多模型集成能力，正成为用户工作、生活中不可或缺的智能伙伴。作为一个聚合了 GPT-4、Claude、Gemini 等全球顶尖大语言模型的平台，灵芽 AI CHAT 允许用户通过一键切换实现不同 AI 能力的无缝衔接。无论是内容创作、学习辅助还是生活服务，平台都能通过精准匹配模型特性来满足用户需求。

从功能维度来看，灵芽 AI CHAT 的应用场景几乎覆盖了日常需求的所有领域。在内容创作领域，它不仅能快速生成公众号文章、工作报告等文本初稿，还能提供专业的语言润色服务。对于学习者而言，无论是解答学科难题还是整理考试复习提纲，AI 都能以结构化的方式呈现知识要点。编程爱好者更能从中获得代码编写、调试及逻辑解析的全方位支持。而生活服务方面，从旅行规划到礼物推荐，AI 都能提供个性化建议。值得一提的是，当用户面临情绪压力时，平台还能化身"树洞"，通过情感化对话给予心理疏导。

在使用体验上，灵芽 AI CHAT 充分考虑了用户友好性。无须复杂设置即可直接访问，通过自然语言交互就能获得即时响应。为了帮助用户最大化发挥 AI 效能，平台还提供了一系列实用技巧：提问时保持问题的具体性可提升答案精准度。例如，将"如何写文章"细化为"环保主题文章的开头设计"；利用上下文记忆功能可实现多轮深度对话，逐步细化需求；而通过直接反馈机制，用户可以引导 AI 不断优化输出内容。

对于新手而言，灵芽 AI CHAT 的使用门槛极低。只需访问平台即可开启对话，无须科学上网等额外操作。在模型选择上，用户可根据任务类型进行智能匹配：GPT-4 擅长多轮对话与创意生成，Claude 在逻辑推理和复杂分析中表现突出，Gemini 则更适合处理大规模数据查询。这种模型选择机制既保留了灵活性，又确保了任务处理的专业性。

在实际应用层面，灵芽 AI CHAT 通过具体案例展现了其强大的问题解决能力。例如，公众号运营者可通过输入"低碳生活主题文章"快速获取 1500 字初稿；备考学生能一键生成托福阅读题型解析；编程新手可获得带注释的 Python 求和代码；家庭游客能获得三亚三日行程规划；职场人士则能得到压力缓解建议。这些案例不仅体现了 AI 的高效性，更展现了其在不同场景下的适应性。

随着 AI 技术的不断演进，灵芽 AI CHAT 正以其多模型协同、全场景覆盖和人性化交互的特点，重新定义智能助手的价值。它不仅是工具，更是陪伴用户成长的智能伙伴，在提升效率的同时，也为生活增添了科技温度。无论是职场达人还是普通用户，都能在这个平台上找到属于自己的 AI 解决方案。

（十四）秘塔：拥有高效、精准的搜索体验和强大的功能

秘塔是一款由上海秘塔网络科技有限公司开发的 AI 工具，具有以下特点：

强大的搜索功能：秘塔 AI 搜索基于大语言模型 MetaLLM，整合全网、学术、播客等多源信息，支持中英文混合检索。其三级检索模式可根据用户需求生成文献摘要、核心观点、参考文献，甚至产出 7000 字以上综述初稿。

多语言支持：提供中文界面及多语言搜索功能，降低非英语用户的使用门槛。

无广告干扰：秘塔 AI 搜索主打"纯净搜索环境"，搜索结果页面完全没有广告，用户可专注于所需信息。

结构化信息展示：搜索结果可自动生成思维导图、大纲、时间线等，帮助用户快速梳理逻辑，增强信息深度理解。

应用场景广泛：适用于学术研究、市场营销、新闻编辑等 20 多个领域。其还可用于法律翻译、AI 写作等，为用户提供专业服务。

后　记

迈向人机协同的未来教育

当人工智能的浪潮席卷全球，教育的本质正在经历一场静默而深刻的变革。本书《孩子如何用好 AI》试图在技术与人文的交汇点上，为新一代学习者绘制一幅导航图——它不仅是工具的使用指南，更是教育理念的重构宣言。

在这场变革中，我们逐渐意识到：未来的教育，不再是知识的简单积累与重复，而是智慧的觉醒与生命意义的探寻；不再是标准化流程下的被动输入，而是个体潜能与机器智能协同激发的主动生长。

传统教育曾将人视为"知识容器"，教学的核心任务是填满这些容器。学生被要求记忆公式、背诵年代、复现标准答案，仿佛教育的成功在于存储量的多少。然而，AI 时代的到来彻底颠覆了这一逻辑——当机器能够以毫秒级速度检索全球知识库时，人类的记忆优势早已荡然无存。本书强调的 AI 辅助下的感知与觉悟式学习，正是对这一挑战的回应。知识本身不再是终点，而是通向智慧的桥梁。

例如，当AI为孩子定制个性化学习路径时，其目的并非机械地灌输知识点，而是通过动态调整难度、推荐跨学科资源，激发孩子对知识内在逻辑的思考。在虚拟实验室中，学生无须死记硬背化学方程式，而是通过模拟实验观察物质反应的动态过程，从而理解能量守恒的本质。这种学习方式，将知识从"记忆对象"转化为"感悟媒介"，让孩子在体验中构建认知，在追问中接近真理。

未来的教育者，需教会孩子如何从信息洪流中提炼智慧。正如书中案例所示，当学生利用AI分析历史事件时，重点不在于简单记住历史事件的日期，而在于通过数据对比发现文明兴衰的规律；当AI辅助写作时，价值不在于生成华丽的词句，而在于引导孩子反思语言背后的情感与逻辑。教育的目标，正从"知道什么"转向"如何知道"，从"答案的正确性"转向"问题的开放性"。

AI推动孩子从被动接受知识转向自驱式学习，学习的意义在人机共同成长之时慢慢得以重构。旧时填鸭式教育的弊端，在于将学习异化为一种外部强加的任务。学生为分数而学，为竞争而学，却常迷失于"为何而学"的根本问题。AI的介入，为破解这一困境提供了全新可能——它通过个性化反馈与即时激励，帮助孩子发现学习与自我成长的内在关联。书中提到的AI学习伙伴便是一例。当孩子与智能系统互动时，AI不仅是答疑工具，更是学习动机的点燃者。像人机语音交互类App，它们通过游戏化设计，让孩子在闯关中掌握语言技能；虚拟语言外教通过情景对话，让学生感受到跨文化交流的真实意义。这些设计让学习回归"需求驱动"本质，孩子因兴趣探索，因成就感坚持，因意义感深耕。更深远的意义在于，AI助力下的学习开始与生命体验深度融合。当学生利用AI分析环境数据、参与解决真实问题时，他们不再是课堂中的被动听讲者，而是社会问题的主动干预者。这种"从解题到解决问题"的转变，让学习超越了学科的边界，成为个体参与世界、实现价值的通道。教育的目的，由此升华为帮助每个孩子找到"为何学习"的答案。

尽管我们认为AI可以为教育注入巨大能量，但本书始终警惕技术的异化风险。过度依赖AI可能导致思维惰性，盲目信任算法可能削弱批判精神。因此，我们提出"人机协同"的核心原则——AI是思维的延伸，而非替代；是对话的伙伴，而非权威的答案。

这一理念贯穿全书案例：在数学学习中，AI提供解题思路，但学生必须独立验证每一步的逻辑；在科学探究中，AI模拟实验现象，但学生需要自主设计变量与控制条件；在伦理讨论中，AI呈现多元观点，但孩子必须通过反思形成独立判断。这种人机分工的本质，是让机器处理数据与重复劳动，而人类专注于创造、批判与价值选择。更进一步看，AI与人类的协同正在催生新的认知模式。例如，知识图谱技术将零散知识点串联为网络，帮助学生建立系统思维；AR技术将抽象概念具象化，推动空间想象力的发展。这些工具不再仅仅是效率提升的手段，而且是认知革命的推手——它们重塑我们理解世界的方式，并在此过程中，让人类独有的创造力、同理心与伦理意识得以升华。

在本书的终章，我们回归教育的终极关怀：AI时代需要怎样的学习者？答案绝非"更擅长使用工具的人"，而是通过使用好、驾驭住新型工具，成为"更完整的人"。这种完整性体现在三个维度：首先是批判性思维与创造力。AI 能提供海量信息，但只有人类能质疑信息真实性、串联跨领域灵感、提出颠覆性问题。书中每章末设置"AI 挑战任务"，例如让学生生成作文并自主优化，就是为培养这种能力。技术提供素材，真正的创作源于个体独特视角。其次是情感智慧与协作能力。即便 AI 能模拟情感互动，但人类对共情、信任与责任感的需求无可替代。未来教育必须守护人性温度，书中倡导制定"家庭 AI 使用守则"，目的就是让孩子在与人、与机器对话时理解合作的意义与边界。最后是终身学习与意义追寻。AI 迭代速度要求人类保持学习韧性。但比掌握技能更重要的，是保持对世界的好奇与对意义的探求。本书传递这样的信念：学习的终极目标不是适应机器，而是理解自我、参与文明、创造未来。

　　站在 AI 与教育相互交织的关键节点，我们无须对技术可能带来的颠覆性变革感到恐惧，因为技术本身并非洪水猛兽，它为教育带来了前所未有的机遇与发展空间；但同时，我们也不能陷入盲目乐观的陷阱，忽略技术可能衍生的种种问题。本书的写作，是对一个关键问题的回应：在机器变得越来越"智能"，似乎无所不能的时代浪潮下，究竟该如何让教育始终围绕"人"展开，更具"人性"的光辉？

　　当 AI 凭借其强大的算法和数据处理能力，为孩子规划个性化学习路径时，我们不能让这条路径成为束缚孩子的单一轨道，而要坚持"留白"。这意味着：要给予他们尝试错误的机会，因为错误是成长的宝贵经验，在不断试错中，他们才能真正理解知识、掌握技能；要鼓励他们大胆冒险，去探索那些超出常规、看似有风险的学习领域，往往在冒险过程中，他们能发现新的知识天地；要尊重每个孩子独特的学习节奏，不同孩子对知识的吸收和理解速度不同，只有尊重这种节奏，才能让学习更高效、更有质量。

当先进技术在瞬间就能为孩子提供问题的答案时，我们绝不能仅仅满足于此，而应更加重视"提问的艺术"。培养孩子对未知的敬畏之心，让他们明白世界上还有无数奥秘等待探索，知识的海洋无边无际。鼓励他们勇敢地提出问题，因为提问是探索的开始，只有敢于提问，才能激发探索的欲望，去追寻更深层次的答案，从而不断拓展自己的认知边界。

在虚拟世界借助技术力量无限扩展，逐渐占据孩子生活诸多领域的当下，我们仍需坚守"真实接触"这一根本。引导他们走进大自然，去亲身感受生命的奇妙与美好，观察四季更迭中植物的生长变化、动物的生活习性，体会大自然的神奇与伟大。让孩子积极参与社群活动，在与他人的交往互动中，理解责任的含义，学会关心他人、为集体贡献力量，明白自己是社会大家庭的一员，有着不可推卸的社会责任。

本书的完成离不开多方支持。感谢姜雨杭、刘子睿、康洪源在书稿撰写和资料搜集过程中的关键协助；向北京华景时代文化传媒有限公司致敬，朱文平、刘雅文对AI+教育的敏锐洞察令内容更趋完善。文中疏漏之处，责任悉归于己。

教育的未来，无疑将是人与机器协同共进、和谐共舞的时代。不管技术如何日新月异、不断演进，教育的核心目标始终不会改变，就如同那永不偏移的灯塔，永远坚定地指向同一个方向：唤醒每个生命内在的自觉意识，让他们能够主动追求知识、探索世界；滋养独立的人格，使孩子在面对复杂多变的世界时，拥有坚定的自我认知和独立思考的能力；守护人性的光辉，让善良、友爱、勇敢、担当等美好的人性品质在孩子身上得以传承和发扬。愿本书化作一座精巧而坚实的桥梁，一端连接当下人们在 AI 与教育融合过程中所面临的种种困惑，另一端通向充满无限可能的未来，引领教育者、家长与孩子携手前行，共同迈向既被先进机器智能赋能，又充分彰显人类独特智慧与魅力的新世界。